阿部照男

日本経済にいま何が起きているのか

藤原書店

日本経済にいま何が起きているのか／目　次

はじめに　7

第1章　日本経済崩壊の現状……11
日本経済の奇蹟―オイルショック―バブル崩壊―日米失業率逆転―ゼロ金利時代―高齢者の悲鳴―日本近代史における第三の崩壊―金融崩壊―財政崩壊―医療・年金・福祉の崩壊

第2章　日本経済はなぜ崩壊したのか……57
崩壊の共通原因は制度疲労―日本の資本主義は共産主義的資本主義―談合という鎖国―世界のルール対日本のルール―変化に対応できない無競争社会―高人件費経済―競争力喪失

第3章　日本経済躍進の秘密は江戸時代にある……93
近代日本の経済発展の基盤は江戸時代の農業―江戸時代の農業生産力は世界第一級―五公五民体制―年貢米は余剰生産物―小作制度への転換―小作制度が工業化の資金を生み出した

第4章　戦前の日本経済には重大な矛盾があった……99
明治維新はメイジ・リストレーション（復古）―地租改正は小作制度を生み出した―小作人（農民）は自給自足―小作制度は低賃金のもと―工業化を成功させたのも挫折させたのも小作制度

第5章　戦後の諸改革が日本経済の方向を決めた……127
無条件降伏による明治体制の崩壊―GHQによる強制的徹底的農地改革は小作制度を消滅さ

せた―農地改革と労働民主化は国内市場を拡大させた―自己完結的高度成長システムの到来

第6章 戦後の日本経済はなぜ高度成長したのか……147
日本の高度経済成長は自力本願型―そのもとは世界一高い家計貯蓄率と世界一低い労働分配率―それを着実に拡大する国内市場が支えた―アメリカからの技術導入が成長を加速した

第7章 高度成長はなぜ挫折したのか……165
高度成長は日本経済の国際競争力を強めた―日本による集中豪雨的輸出―諸外国の反発・日米貿易摩擦―輸出の自主規制―市場の不足―低成長への転換―高費用経済体質の顕在化

第8章 日本経済は沈没するのか……195
現実を直視すればするほど日本経済は沈没してしまうように見える―しかし近代日本が経験した二度の崩壊と新生の中に日本式改革の論理が見える―それは待ちの姿勢による受身の改革

第9章 日本経済はどこへいくのか……199
無競争・横並び・相互扶助経済の終わり―大平等時代から大競争時代へ―大競争時代の行動原理は人間関係から金銭関係へ―人間の格付けが始まる―自己責任の時代―報酬革命へ

第10章 日本経済が目指すべきもの……229
世界を覆う資本主義の原理―それは人間の性悪の産物―暴走する資本主義は人類の生存を脅かす―資本主義原理に対抗できるのは家族の原理―暴走する資本主義にブレーキをかけよう

あとがき　239
図版一覧　244
索　引　248

日本経済にいま何が起きているのか

いま日本経済は
未曾有の長期不況にある.

はじめに

いま日本の経済は未曾有の長期不況に苦しんでいます。まさに「日本経済の崩壊」といってよいと思います。いま、日本の経済に何が起こっているのでしょうか。どうしてこんなことになってしまったのでしょうか。日本経済はこれからどうなってしまうのでしょうか。これらの問題を、これから皆さんといっしょに考えていきたいと思います。

全体のストーリーをながめていただきますと、まずはじめに、第一章で、いま日本の経済にどういう現象が起こっているのか、皆さんの経験に照らして比較的確認しやすい事柄をあげてみたいと思います。その次に、第二章で、なぜそういう日本の経済が壊れてだめになる状況が起こってしまったのか、ということを少し問題を掘り下げて考えてみましょう。そのあと、第三章から第七章まで、日本の経済がいまなぜ行き詰まってしまったのか、

第１章と第２章で
日本経済崩壊の現状と
そのさしあたりの原因を明らかにしよう．

という歴史的必然性を時間の流れをかなり長くとってお話しすることにします。

　つまり、ご承知のように行き詰まる前の日本の経済というのは、世界でも羨ましがられ、あるいは模範にあげられるような目ざましい成果を上げてきたということがあります。それが一転して崩れてしまったという印象を多くの国民の方々が持っている。なぜ優等生が突然だめになってしまうのか、ということをずっと日本の経済の生い立ちをふまえて考えてみようではないか。たとえていうと、最近、子供の非行というか、事件がいくつも起こって、なかには「なんであんなまじめな子が、優秀な子が犯罪を犯すのだろうか」、というような「優等生の犯罪」が必ずしもめずらしくない。何かそういう出来事と共通するものがあるような感じがします。外面的には非常に立派な生徒であって、そういう大それたことをしでかすということが想像もつかないことであるけれども、その生い立ち、環境、そういうのをたどっていくと、何かそこにはなるほどと思われるものが浮かんでくると思うのです。日本の経済の場合もそんなふうに考えて、なぜ優等生になったのか、優等生になるということのなかに今日の問題の原因が秘められている、というとらえ方をすることができると思います。

　さらにそういうことが明らかになりましたら、第八、九章で、これからの日本経済というものを考えてみましょう。日本の経済が崩壊してしまったということを、その通り将来に向けてとらえますと、もう日本の経済は立ち直れない。日本の経済は沈没して本当にだ

第３章から第７章までで
近代日本の歴史の中に
日本経済崩壊の究極の原因を見つけよう.

めになってしまうのではなかろうか、という恐れがでてきます。しかし、本当に沈没して沈んでしまうのかどうか、ということを考えてみなければいけないと思います。いずれにしても、いまの状態でそのまま生き残っていくということはありえないと思いますので、なんとか沈没しないで生き残っていくという場合に、どんなふうに変わっていくのだろうか、そういう展望を試みたいと思います。

いままでのとらえ方というのは、非常にクールに、日本の経済というものを日本の外から見たようなとらえ方をしてきました。まさに自分のことではないかのように、ひとごとのように日本の経済を観察する。これも研究をする場合のひとつの重要な態度といいますか、方法であると考えておりますので、意識的にひとごとのように日本の経済というものを分析するわけです。しかし、ひるがえって考えるとひとごとではない。まさにそのなかでわれわれは日常を生きている、生きていかなければいけない、という運命共同体の存在であるのです。とすると、「どうなるのだろうか」という突き放した見方ではすまされないはずです。「沈没しないためにはどうすべきなのかという」日本経済とわれわれとの積極的な関わりというのがじつは非常に重要な意味を持ってきます。積極的にアプローチをすれば、それが日本の経済のあり方というものを変えていくという可能性が十分にあるのです。ですから、いってみれば、主体的な立場というものを意識して、「日本の経済のこれからはどうあるべきなのだろうか」という主体的な関わりというものを前面に出さなければいけ

第8，9，10章で
日本経済はどうなるのか，
われわれは何をなすべきなのかを考えよう．

ないわけです。

そんなことで、締めくくりとしては、第一〇章として、主体性をふまえた日本経済の展望というまとめ方をしたいと思っております。それで全体のおおよその姿をいま見ることができましたので、いま日本の経済というものがどうなっているのか、ということを見てみたいと思います。

昭和30年代,
「日本経済の奇蹟」.
日本経済は世界もうらやむ高度成長をした.

第1章　日本経済崩壊の現状

まずどなたもご存じと思いますが、日本の経済は昭和三〇〔一九五五〕年代に「高度成長」というものを達成しました。それで世界にいままで類を見ないような急速な経済成長、経済発展を、世界でただ一つ、おそらく最初に実現したということで、「日本経済の奇蹟」というもてはやされかたをしました。そういう高度成長の状態から、ある時、一転して高度成長から「低成長」へと軌道を変えてしまった。なぜなのかということがじつは重要な問題ですが、そこはまた後の話にしまして、いまその延長線上にわれわれの経済というのがあるので、その状況をグラフで確認することにしたいと思います。

図1をごらんください。

昭和三〇〔一九五五〕年から平成一〇〔一九九八〕年までのＧＤＰの成長率というものがグ

「名目成長率」と「実質成長率」の差は物価上昇（下落）率を表す.

図１　経済成長率（ＧＤＰ）

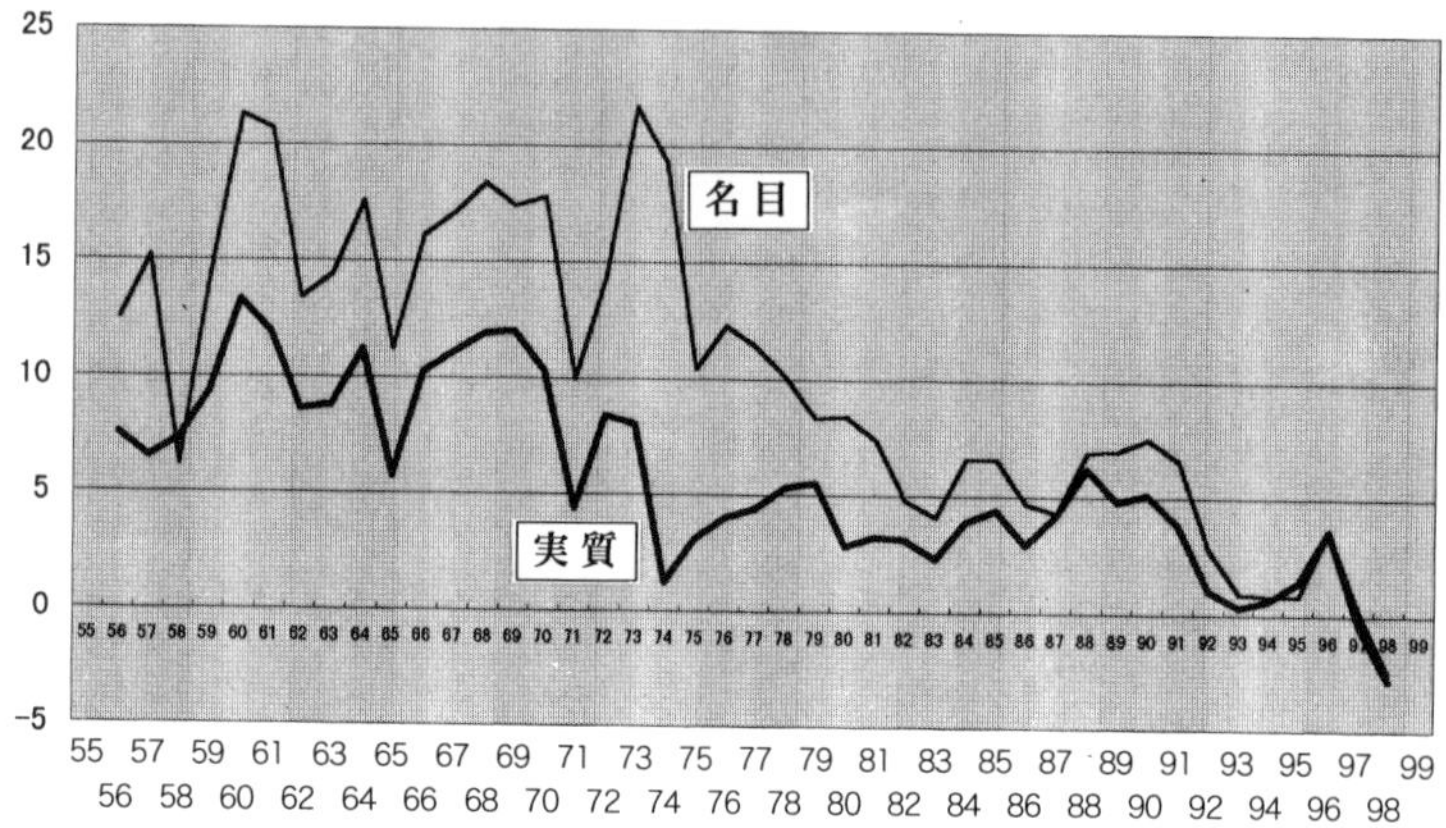

日銀『1999主要経済・金融データCD-ROM』その他により作成

ラフで表されております。「実質成長率」と「名目成長率」と区別されています。ＧＤＰの成長率というのはどういう数字かといいますと、「国内総生産」という意味の英語の略で、日本の国内で一年間にどれだけの生産物が生み出されたかという概念です。したがって、「日本という国土の上でどれだけの規模の経済活動が行われているのか」ということの指標になります。毎年毎年ＧＤＰの金額というものを計算いたしまして、どれだけ増えたとか減ったとかいう計算をしたパーセンテイジが成長率ということになります。「実質成長率」は、物価上昇の影響を取り除いた数字で、「名目成長率」の方は、物価上昇分を含んでいます。

　実質成長率と名目成長率というものに大きな差がある年と、最近のようにほとんど

高度成長期は
毎年10％ずつ経済が伸びたが
低成長期には３％ほどになってしまった．

重なって動いている年とがあります。この差は何を表すのかといいますと、差があるということは、それだけ物価が上がっている。とくに名目成長率が上の方に離れている場合に、その離れた分だけ物価が上がったのだという意味です。ほんの所々、五八年と九五年だけは、両者が逆転しています。これは逆に物価が下がっているということです。そして九六、九七、九八というのはほとんど重なっておりまして、ここの意味は、物価が横ばいであった。上がりもしないし下がりもしないという状態を意味しています。

実際に日本の経済がどういう規模の活動をしていたかということを表すのは、この実質のグラフで、こちらの方をたどっていきますとどういうことがいえるのかといいますと、まず一九七四年という年にご注目ください。いわゆる「オイルショック」が起こった次の年です。正確には「第一次オイルショック」といっていますが、オイルショックが起こったのが一九七三年の暮れでした。ですからオイルショックが起こったのは七三年だけれども、その影響というのはじつは七三年のデータにはほとんど影響していません。全面的に次の年に影響が現れまして、七四年の経済がどーんと落ち込んでしまったということになります。この七四年というオイルショックの年、これを境にしまして、それ以前は「高度成長の時代」、それ以降は「低成長の時代」ときれいに分かれます。

このオイルショックの前の実質成長率のグラフをならしますと、だいたい一〇パーセントくらいの数字が出てまいります。単純に考えると、日本の三〇年代から四〇年代にかけ

日本の完全失業率はオイルショックを境にして上がる傾向がでてきた.

ての高度成長期というのは、毎年毎年一〇パーセントずつ経済の規模が拡大していた。生み出される生産物が一割ずつ増えた時期である。実際に増えたわけです。金額だけ増えたのではありません。実際に分量が一割ずつ増えた。そういう大変な時期であった。ところがどういうわけか、一転してオイルショック後は、ずっと低いレベルを維持するようになってしまったということになります。だいたいこれを平らに均しますと、五パーセントいきません。四パーセントくらいです。とくに最近はマイナスになっていますから、これも入れますと三パーセント台ぐらいになってしまうという感じです。こんなふうにいまの日本経済というのを見てみますと、かつてあんなに勢いが良かったのに、なぜいましぼんでしまったのか。たかだか二〇数年しか経っていない。まったく様変わりをしてしまった。これも現象としては日本の経済がガタガタと崩れてしまったという感じを受けます。

その次に失業の状態を見てみると、これもご承知のように非常に深刻です。**図2**をごらんください。このグラフは一九七〇年から九八年まで、およそ三〇年間の日本経済での「完全失業率」と呼ばれるデータです。太い線で上の方に描かれているものです。下の細い線が「有効求人倍率」と書いてあります。「完全失業率」というのは、職を得たいと思っている人が一週間まったく働けなかったというのを基準にして、その数が全体の労働人口の中でどのくらいの率になるかを計算したものです。波がありますけれども、傾向として失業率がだんだん上がっているのがおわかりになるだろうと思います。とくに七四年のオイル

「プラザ合意」によって
40％もの円高ドル安となり
日本経済の国際競争力に影がさしはじめた.

図２　完全失業率と有効求人倍率の推移

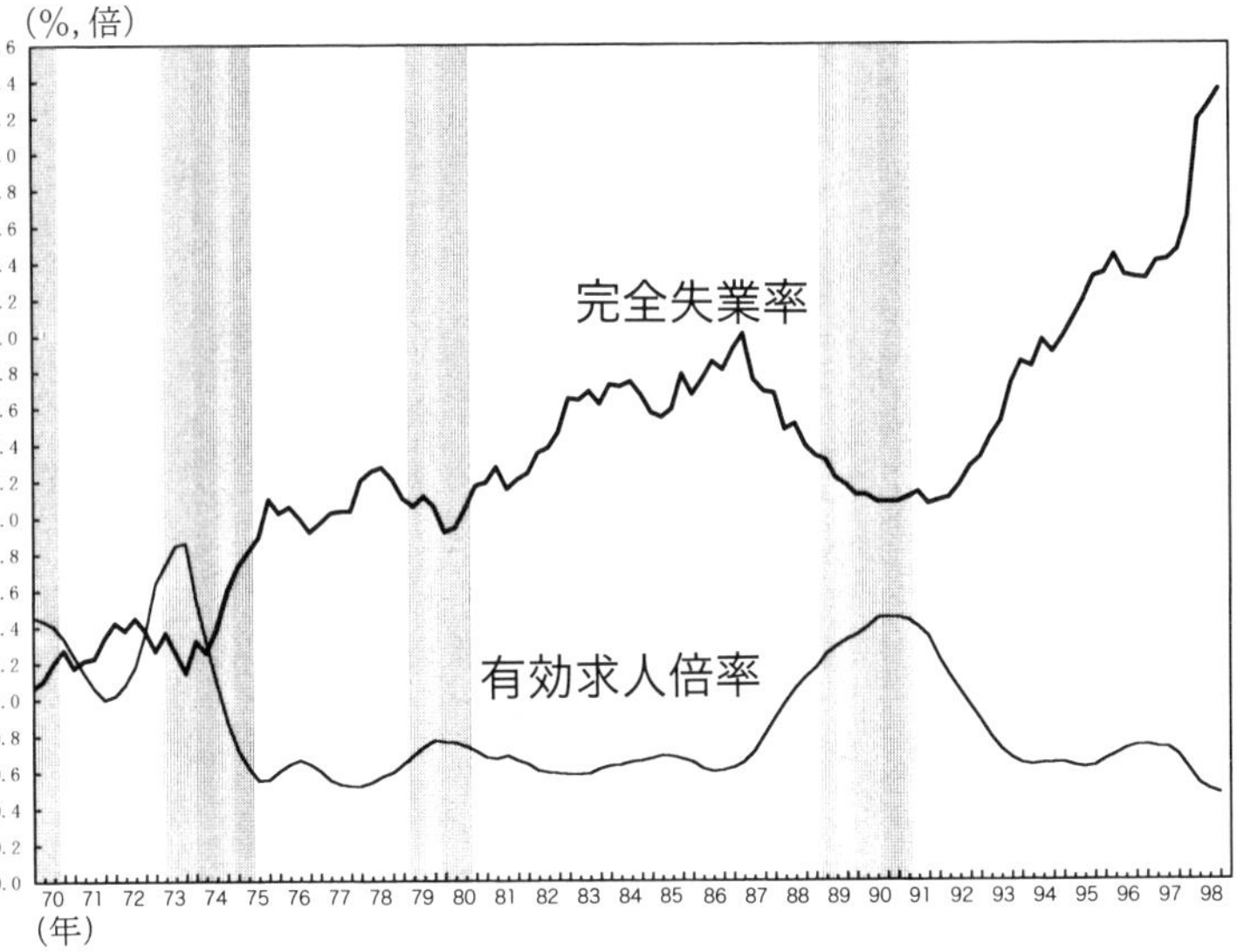

日銀『1999 主要経済・金融データ CD-ROM』により作成

ショックを境にして、それ以降、失業率がバンと上がるということになります。

　それから一九八五年九月にいわゆる「プラザ合意」と呼ばれる主要国の間の約束事が成立しまして、これに従って日本の円が急激に上がってしまった。つまりちょうどこの八〇年代というのは、アメリカの経済が非常に体力を弱めてしまって、逆に日本や西ドイツの経済というものが非常に強く見える状態でした。それでアメリカは日本や西ドイツは強すぎるという判断をして、強すぎる日本経済などを

プラザ合意の悪影響を乗りきるため
政府は金融大緩和政策を実施,
それがバブル経済をまねいた.

もうすこし抑えてもらわなければアメリカが困ってしまうと、主要国間の相談の場に出してきました。その結果、日本や西ドイツの経済の力を国際的に少しセーブするという方向が出まして、そのための手段として円やマルクを上げよう、「円高」、「マルク高」にしようということになりました。つまり、ドルを切り下げたのです。八五年第一―四半期の一ドル二五七円から、八六年第三―四半期の一ドル一五五円へと四〇パーセント近く円が上がりました。円高にするということは、日本の生産物が輸出された場合に、相手の国にいって割高になってしまうという意味を持ちます。そうしますと、日本からの製品というものが前よりも売れなくなってしまう。円高になればなるほど、日本からの輸出がやりにくいという状況になってくる。一番これで効果があったのはアメリカで、アメリカに輸出されるいろいろな製品がみんな割高になる。そうするとアメリカで前よりは売れなくなってしまう。その代わりにアメリカで生産した製品がよく売れるようになるというように、アメリカの経済がこれで相対的に強くなる、あるいは蘇るということになります。プラザ合意の結果、日本の経済は少し立ち止まってしまうということがでてきます。

しかしこのプラザ合意の影響というのは、じつはそれほど深刻ではなかった。日本の企業はそれなりに努力をしまして、これを乗り越えた。そして政府はそれを支援する形で、お金の流れを非常に太くします。お金を日本中に行き渡らせるという政策をとりました。その結果、日本経済は非常に活発に動きだすようになった。八九年から九一年にかけて網

1991年バブル崩壊,
失業率はうなぎのぼりとなった.
99年4月ついに4.8%となる.

かけをした部分、これがその時のバブル経済の時期で、この時には、失業率がまた非常に下がりはじめるということになります。

そのバブルが行き詰まって、「バブル崩壊」というのが起こった。一九九一年です。バブルが崩壊しますと、ふたたび失業率が上がりはじめるということで、あとはもう一本調子で上がっていくことになります。九七年にかけて少し経済が立ち直りを見せます。失業率もちょっと下がっています。しかし皆さん、ご記憶だろうと思いますけれども、一九九七年四月から消費税が引き上げられました。あれが引き金になって、立ち直りはじめた日本の経済が墜落をしてしまう。消費税の引き上げのせいだけではないのです。いろいろなものがもともとあって、ただきっかけとして消費税の引き上げがかなり効いたということがありますが、日本の失業率がふたたび上がりはじめた。そして現在に至っています。

そして一九九九年の三月、四月、日本の完全失業率はついに四・八パーセントという、戦後の混乱期を除くと空前の高さを記録してしまった。このままいくと、五月、六月と五パーセントを越えてしまうかもしれないという観測が行われましたが、予想に反して、四・八パーセントから四・六パーセントと若干失業率が下がって、とくに小渕政権は喜んでいるという状況になります。ただ、失業率が下がったということが一体、長期的に見てどういう意味を持つだろうか、ということは非常にむずかしい問題でして、長期的にとらえようとすればするほど、一時的な失業率の下落と考えざるをえないのではないかということ

戦後の日本経済は長い間「完全雇用の経済」,「優等生の経済」であった.

がいえます。

それから全体としての日本の失業率の動きを追ってみますと、日本経済における失業率というのは一パーセント台という低い状態が続いてきた。いってみれば、日本の経済というのは、長い間、「完全雇用の経済」といっておかしくない。そういう意味でも「優等生の経済」だということであった。しかし、だんだんとこれが上がりはじめたということになりまして、アメリカと比較をすると、どういうことが言えるだろうかということで、**図3**を見てみましょう。

九〇年代に入ってから、アメリカの失業率は下がり続け、日本のそれは上がり続けてきました。九八年の一一月の時点で日米の失業率が交差しています。同じになっています。約四・四パーセントぐらいで、その後アメリカの方は失業率がさらに下がり、日本は失業率がさらに上がってきた。そしてついに日本はアメリカよりも上の水準になる。アメリカは日本よりも下の水準になるということで、日米の失業率は逆転してしまったのです。これは日本とアメリカの経済を比較してみる場合に非常に象徴的な現象で、それまで、経済に関心を持っている人の常識というのは、アメリカの失業率はいつでも高い。どのぐらい高いのか。だいたい六パーセントから八パーセントくらいの失業率というのが、アメリカでは普通でした。それに対して日本の失業率というのは非常に低い。さきほど申し上げたように、失業者はいないぐらい低い。だいたい一パーセントから二パーセント台という低

かつて日本の失業率は1～2％，
アメリカの失業率は6～8％.
しかしいま逆転現象が起こっている.

図3　日米の失業率の逆転

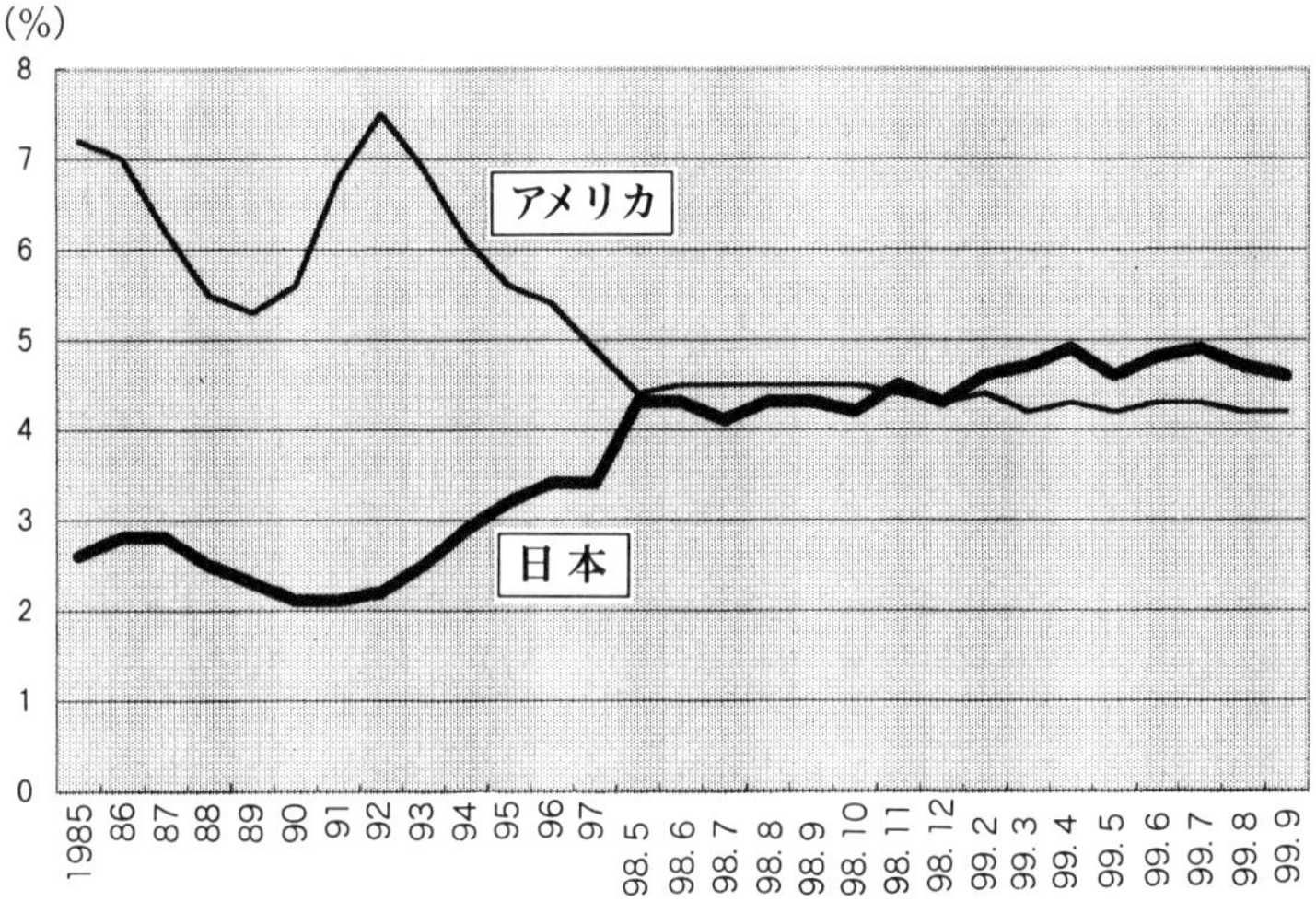

1　1998年5月からは月単位。但し、1999年1月は除く。
2　日銀『日本経済を中心とする国際比較統計』（各年版）および OECD のホームページのデータ（http://www. oecd. org/news_and_events/new-numbers/sur/surdec98. pdf (991210)）により作成。

い状態をずっと続けてきた。もちろん波はありますが、傾向としてアメリカの方が数倍高い失業率を体質的に持っているということでした。ところが、いまや事態がまったく逆転して、アメリカよりも日本の失業率の方が高くなってしまった。これは日本の経済がいかに大きな変化をいま起こしつつあるか、ということのひとつの重要な証になると考えられます。なぜそんなにどんどん失業率が高くなってしまうのだろうかということについては、またお話しする機会があります。

いま「超低金利時代」、いや「ゼロ金利時代」、景気は相当刺激されるはずなのだが……

さて、日本経済の崩壊ということでいろいろな側面を紹介していますが、いま、ご承知のように、金利が非常に低いという、「超低金利時代」という状況になっています。超低金利という言葉が普通使われておりますが、私は「ゼロ金利時代」といった方が正確だろうと思います。とにかく金利はまさにゼロです。銀行間で短期的に資金をやりとりをする場合とか、あるいは日銀が一時的に銀行に資金を流す場合というのは、まさにゼロです。ですから超低金利ではないんです。もうゼロ金利になっている。まさに異常だ、ということです。なぜなのかという疑問がすぐでてきますが、ここではとにかくそういう現象が起こっているのだということで、事実関係を先に確認することにしたいと思います。

「公定歩合」と呼ばれる日本の金利体系の基準になる金利があります。これは日銀が「政策委員会」というものを開いていろいろ検討して、その時々に定める。上げたり下げたりということをやります。一般に公定歩合を上げるというのは、どういう判断をしているのかといいますと、公定歩合を上げると、経済活動にブレーキがかかります。例えば、日本経済がいま非常に順調に動いているとします。このままいくとちょっと過熱気味になってしまうのではないか、という時に公定歩合をちょっと上げて、静めてやるというような使い方をします。また、逆に景気が悪くなった時には、公定歩合を下げることによって、不活発になった経済活動をできるだけ刺激して活発にしようということになります。つまり、公定歩合が下がりますと、銀行の住宅ローンの金利とか、さまざまな金利がこれに結びつ

公定歩合は景気調節の重要な手段.
上げると景気引締め,
下げると景気を刺激する.

いておりまして、日本経済の全体の金利が下がるようになっています。そうすると、公定歩合が下がるということは、資金の借入が比較的簡単にできる。身近な例でいえば住宅ローンです。もし公定歩合が六パーセントであるとすると、銀行から住宅ローンを借りようとする人は、八パーセントとか九パーセントも利子を払わないと住宅ローンが借りられないということになります。ところがいま、住宅ローンはいくらで借りられるか。二パーセント台です。二パーセント台の利息で二千万とか、三千万とか借りられるのと、八パーセント、九パーセントの利息を払って借りるのとでは、長い間の返済額はまったく変わってしまう。事業を経営している人にとっても同じです。公定歩合が低いとそれだけ事業資金が借りやすい。事業がそれだけ活発になる。そういう効果があります。そんなわけで、景気の誘導をするというひとつの重要な手段が、公定歩合の上げ下げということになります。

そこで**図4**をごらんください。平成大不況になる前の日本経済の公定歩合は、高い時は九パーセント、低い時は三パーセントと大きな波はありますが、均すとだいたい三〜六パーセントでした。ところが九一年にバブルが崩壊してから、公定歩合は急速に引き下げられ、ついに九五年九月に〇・五パーセントとなり、これ以上下げられなくなりました。その状態がもう五年以上続いています。ほとんどゼロ金利にしても経済活動が刺激されない。これは普通であればそうとう効き目のある刺激策です。そのそうとう効き目のあるはずの刺激策がほとんど効き目がないというのがいまの状態で、これもなぜかわからないけれども、

「ゼロ金利」政策の悪影響は深刻，
高齢者は利息で生活できない．
年金制度が崩壊し，
生命保険会社も約束を守れない．

図４　日米の金利の推移

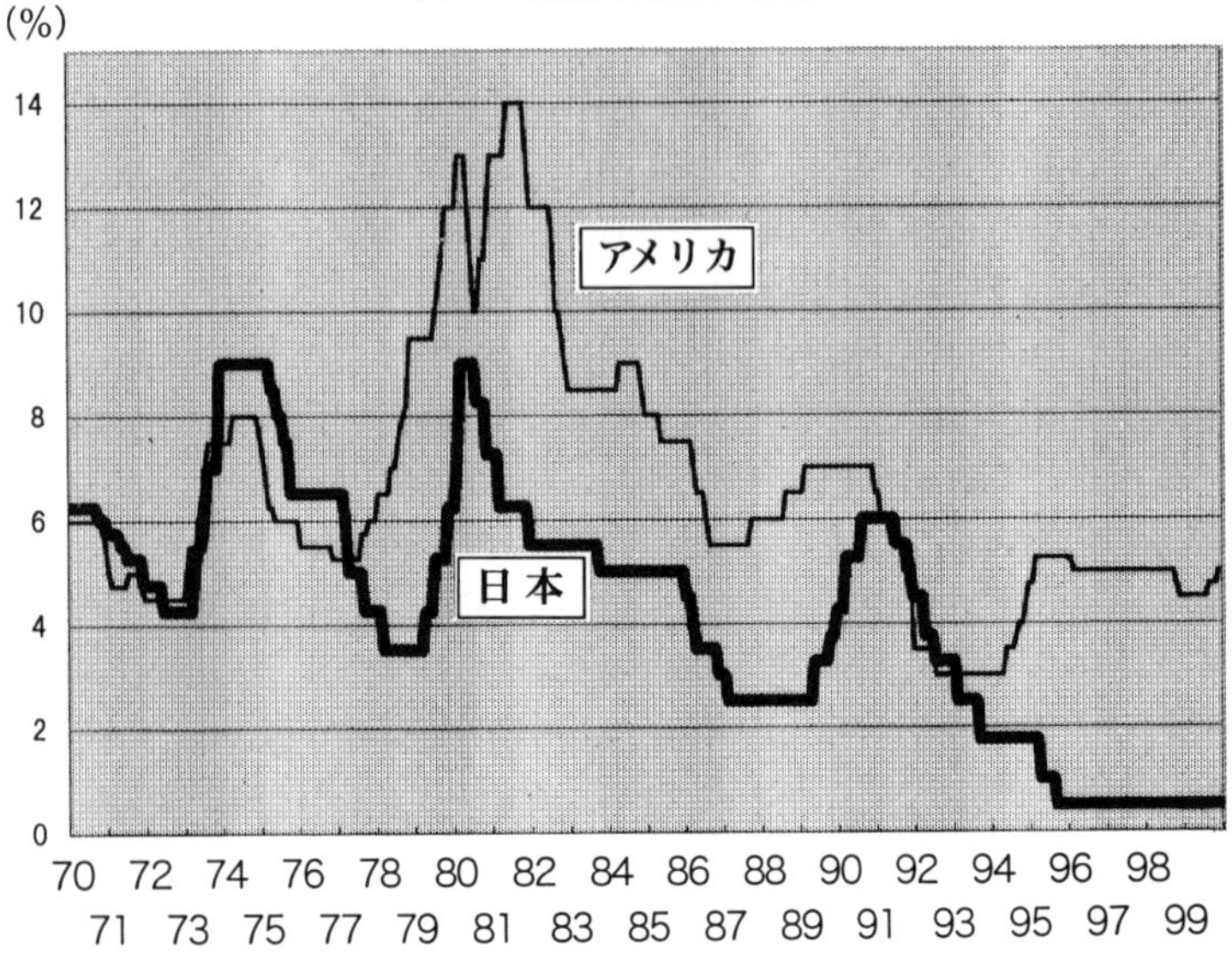

1　日米とも公定歩合の金利。単位は％。月単位。但し、横軸の表示は月を省略して、年のみ表示。
2　OECD STATISTICAL COMPENDIUM 1998/1 CD-ROM、および日銀『金融経済統計月報』（各月版）により作成。

そういうふうになってしまった日本の経済というのは、やはり異常である、どこかが壊れてしまっているんだ、日本の経済が崩壊してしまっているのではないか、そういう受け止め方をされても不思議ではありません。

このような「ゼロ金利」状態が長期間続くとさまざまな悪影響が出てきます。高齢者の多くは、若い時に貯えた貯蓄などの資産の「利息」で生活しています。これまでの日本経済では、貯蓄は四〜

日米の金利差は10倍.
アメリカの好景気は
日本やヨーロッパの資金を
呼び込むことで維持されている.

五パーセントの利息をもたらすのが普通ですから、そのつもりで老後の生活設計をしてきた人が多いのです。こういう人たちの生活がなりたたなくなってしまったのです。企業年金や厚生年金など、年金制度も、四~五パーセントの資金運用利回りを前提に築かれていますから､うまく回らなくなります。生命保険の会社も予定がすっかり狂って経営難に陥ってしまいました。

こんなわけで、いま日本では中高年を中心に、将来の生活不安が広がっており、人々の財布のヒモが固くなっているのです。一方でアメリカの公定歩合はどうなっているのかというと、九五年以降、ほぼ五パーセントの水準にあります。日本では〇・五ですから、いま日米の間に一〇倍の金利差が存在しています。

ここでお話ししておきたいのは、こんなふうに日米で一〇倍の金利の差が出るということは、日本の資金がアメリカの方にどんどん流れていってしまう。水は高いところから流れますが、資金というのは金利が低いところから金利が高いところに流れていくという性質を持っています。ですから日本の円がアメリカに渡って、アメリカの銀行に預けられたり、あるいはアメリカで株を買って利ざやを稼ぐ、ということがもうずっと前から行われてきているのです。そんなふうに国々の間で金利の水準が違うということは、資金の流れに大きな影響をもたらすということがいえます。

アメリカの経済というのは、九〇年代に入ってちょっとたちますと、非常に景気がよく

日本・アジアの景気が回復し
資金がアメリカから引き上げられると
アメリカ経済は墜落する.

なります。その景気のいい状態をずっといまも保っています。しばしばアメリカの経済は過熱気味であるという評価が行われるぐらいに、いまアメリカの経済は調子よく動いている。一国の経済が活発に調子よく動くためには、それ相応の資金がそこに投入されなければいけない。その資金の一部がじつは日本から流れ出して、アメリカに行ってアメリカの好景気を支えているという側面があります。

ですから、例えば日本の景気刺激策がうまくいって、日本の経済が非常にはっきりと短期間で回復をしていくという現象がもし起こった場合には、アメリカに出稼ぎに行っていた資金が日本に戻ってくる。日本で働いた方が儲かりそうだということで、アメリカから引き上げてくるということが十分ありえます。このことは、日本だけではなくて、じつはヨーロッパの資金もいま同じようにアメリカに集まっている。「世界中の資金がアメリカに集まっている」という現象があります。アメリカは「自分のところだけで世界の経済をこれ以上支え続けるのはもうだめだ。重荷である。だからヨーロッパの国も日本の国もちゃんと経済を活発にして、ともに世界経済を担ってくれ」という注文をつけて、日本に景気刺激策を非常に強く求めつづけてきたのです。それにもかかわらず日本の景気がなかなか立ち直らないという現状ですけれども、もしも、さきほどいったように、この景気刺激策が非常にうまくいったと仮に想定いたしますと、アメリカから資金が日本に戻ってくる、アメリカからヨーロッパに資金が戻ってくる、という場面が出てきます。

進むも地獄, 退くも地獄.
今後, アメリカ経済がどうなるのかが
最大の見もの.

そうしますと、アメリカの経済にどういうことか起こるか。アメリカの経済が墜落するはずです。まさに墜落をするんです。したがって、いまアメリカの政府が自分の国の経済をどうするのかというのは、じつは非常に大きな矛盾をはらんでいることになります。自分のところだけでは世界の景気をこれ以上支えきれない。いまの状態でアメリカがつぶれてしまうと、それこそ世界中が全部不景気になってしまうという最悪の状態になります。このままいくとそうなる可能性があるんだとアメリカはいって、他の国、とくに日本は早く景気をよくならせて、世界の経済を支えてくれ、という強い注文をつけているのです。けれども、もしそれが期待通りにうまくいったとすると、それでもやはりアメリカの景気が墜落する可能性がある。つまり、いまの過熱気味のアメリカの経済を支えているのは、じつはアメリカの資金ではないんです。アメリカの資金だけという想定をしますと、じつはアメリカはそんなに景気がよくなるはずがない。周りじゅうからお金が集まってくる。お金というのは、経済活動の重要なエネルギーです。台風が周りじゅうから風を巻き込んでエネルギーにするように、アメリカは周りじゅうから資金を吸収して経済を活発にしている。ですからその周りのエネルギーがぱたっとなくなってしまうということになれば、まさにアメリカの経済というのは墜落するしかないということになります。いってみれば、進むも地獄、退くも地獄という言葉がありますけれども、そんな感じがしてきます。ですから、非常に突き放した言い方をすれば、今後のアメリカの経済がどうなるのかというの

日本の近代史の中で「崩壊現象」が２回起こった．
第１回目の崩壊・幕藩体制の崩壊，
そこから「明治体制」が生まれた．

は、じつは最大の見ものである。見ものとしては、日本の経済がどうなるのかという問題よりは、アメリカの経済がどうなるかという問題の方が、じつは興味があるということになると思います。

いまお話ししているのは、日本の経済が崩壊しつつあるのではないか、ということを皆さんが日頃から見聞きされているような事柄を並べながら考えてみるということです。さきほどはそこまでお話はしてなかったのですけれども、私がなぜ「崩壊」というどぎつい言葉を使っていまの状態を表そうとしているのかといいますと、少なくとも百年ちょっとの最近の日本の歴史のなかで「崩壊現象」が二度起こっている、と私は考えていて、今度は三度目だというとらえ方をしているからです。

第一回目の崩壊。われわれが振り返ってすぐわかる範囲ということで、明治になる時点で崩壊が起こっている。「明治維新」というのは、いうなればそれまでの江戸時代、幕藩体制が見事に崩壊したのです。そしてその崩壊のなかから「明治体制」といいますか、第二次世界大戦が終わるまでずっと続いてきた「日本経済の戦前の体制」というものが生まれているのです。ですから私が「崩壊」といっているのは、崩壊というのは必ず新しいものがそこから出てくるという手続きのひとつだろうと考えているからです。なぜ明治維新という形で幕藩体制の崩壊が起こったのか。大雑把にいってしまえば、三百年近くも続いた徳川政権というものが柔軟性や活力を失ってしまって、制度としてもう老朽化してしまっ

「幕藩体制」は「制度疲労」を起こした.
競争原理が働かないと制度疲労が起こり,
新しい事態に対応する柔軟性と活力がでてこない.

たからだろう。制度が老朽化してうまく働かなくなる状態を「制度疲労」という場合があります。つまり、あるシステムなり仕組みがある程度長く続いていると、どうしてもそれが新しい環境に適応する柔軟性を失ってしまって、対応できなくなってしまう。いってみれば制度、仕組みとしての老化現象が起こった。

なぜある程度、その体制が続くと制度疲労なり老化現象が起こってしまうのか。結局、そのなかで新しいものが生まれなくなる。これは柔軟性が失われるということです。もっと別の言い方をすると、競争原理のようなものが非常に働きにくくなってしまうことがあります。競争原理というのは、いい働きもあるし悪い働きもあります。ある意味で両刃の剣みたいなものです。けれども人間の歴史をずっと振り返って考えてみると、競争という行動様式が確実にあるところ、あるいはある社会、ある国、これはなかなか制度疲労が起こらない。いつまでも細胞が若々しい肉体に似ているのではないかと思います。江戸時代というのはけっしてそうではなくて、例えば江戸城の中でどうやって日常の政治が行われていたかは、例えば「将軍慶喜」という大河ドラマを見ているとわかります。将軍の存在というのはじつはあまり重要ではない。実際の政治はその下の人が事実上にぎって遂行してしまう。それが制度としてできあがってしまうのです。こういうものが定着すればするほど柔軟性は失われていって、環境の変化が起こらなければそれで十分耐えうるわけです。しかし幕末というのは環境の変化が著しかった。老化した組織、老化した細胞では、新し

明治体制は第二次世界大戦という泥沼にはまり挫折した．第２回目の崩壊――「戦後新体制」の成立．

い環境の変化にとてもじゃないけれど対応できなかった。大きなつかまえ方をすれば、そういうことだろうと思います。

それで、幕藩体制が崩れて、「明治新体制」が発足する。発足した時は若々しい弾力性のある、非常に前向きな性質を持った政府、あるいはリーダーたちであった。しかしこれがだんだん年月を経過していくと、結局同じような老化現象が起こる。そして内部でできあがった制度そのものがもうそこで弾力性を失って、新しい必要な変化を生み出すことができなくなってしまう。具体的には、また後の章で取り上げる「小作制度」と呼ばれる土地の所有制度、それに基づく農業の仕組み、これが明治維新後できあがって定着します。それができた時には必要な仕組みであったけれども、だんだんとそれが必要な仕組みではなくて、むしろ障害になりはじめるということが実際に起こってくる。しかし、障害になってもそれを障害にならないように、例えば作り替えるとか、あるいは消滅させるとかいうことが非常にむずかしい。その壁を乗り越えられないままどんどん事態が悪化して、結局、日本の中では問題は解決されないで海外に軍事行動を展開するという方向が出てきてしまう。その行き着く先が第二次世界大戦の敗戦ということであって、まさに戦争の結果、明治体制というものが崩壊するのです。その崩壊の中から新しい、戦後日本の枠組みが出てくる。新しい戦後の日本経済という枠組みができあがってきます。これが第二の崩壊。そして二番目の新体制ということになります。

いま３度目の崩壊が進みつつある.
「戦後体制」の老朽化と崩壊.
第３の新体制が生まれる.

しかし、それが数十年を経た今日、またまた同じような老朽化、制度疲労を見せはじめたというのが、いま私がいろいろな例をあげて説明しようとしていることの位置づけです。「第三の崩壊」、そしてそこから生まれるであろう「第三の新体制」、そういう第三の改革がいまわれわれの目の前で進展しつつあるのではないか、そういうつかまえ方をしています。それぞれの体制にそれぞれの崩壊の論理というか、崩壊の理由があります。細かく見れば、いろいろな論理、理由がそこに存在するだろうと思います。しかし、そういうものを貫く共通の論理があります。結局、活力の喪失、別の言葉でいえば、競争原理がうまく働かなくなってしまう。水がうまく流れない、淀んでしまうような状況にたとえることができるだろうと思います。

そんなことで、さまざまな側面の崩壊現象をあげてきました。もう少しこれに加えて見てみようと思いますが、医療制度とか、あるいは年金、福祉と呼ばれる制度、こういうものが軒並みいま存続の危機を迎えている。存続の危機といってもそれがなくなってしまうことはありえない。ひとつの国家が営まれつづけているかぎり、医療や年金や福祉というのは必ず必要なものですから、存続の危機というのは言い過ぎかもしれません。しかし、これらの制度がうまく維持できない状態になっている。まさにそこにおける弾力性の喪失、制度疲労という共通の症状を見せているということだろうと思います。

医療制度の改革というのは、いまひとつの重要な問題として討議が進められています。

経済崩壊の他の側面.
医療保険制度, 年金・福祉制度の危機.
なぜ医療制度の維持がむずかしくなっているのか.
薬や診療報酬をめぐって「壮大なむだ」が発生している.

とくに最近は、いわゆる老人医療の問題が台風の目みたいな役割を持っていて、老人医療をどうするんだ、ということが叫ばれている。ご承知のように、老人が制度としてそこに入っている、国が直接管掌する国民健康保険の制度と、企業が独自に運営する医療保険の制度、それから共済組合という形で行われる制度といくつかありますが、その企業の医療保険制度や共済の制度から、かなり膨大なお金が赤字の国民健康保険制度の方に提供されている。これはもともと国民健康保険の加入者というのは、他のどの制度にも加入しないというか、できない、いってみれば残りの国民という位置づけを持っているがゆえに、医療機関にかかる頻度が一番高くて、また医療費の負担能力という点では一番不利であるという、両方からの不利な条件を持った、いくつかある医療保険の制度、団体の中ではもっとも体力の弱い団体です。これをちゃんと立ちゆくようにするには、他の健康保険団体がなにがしかの拠出をせざるを得ないという国の判断で、そういう法律を作って、法律が定めたところですから強制的に一定の金額を、いってみれば上納させられているのが企業や共済の状況です。しかし、だんだん企業も共済も財政がきびしくなって、自分のところで精一杯であるという追いこまれ方をしている。そこに相変わらず上納金を取られるのはけしからん、ということで一種の実力行使にでるということがいま行われている。払うべき上納金を期日が来ても払わない。これは明らかに法律違反であって、それを貫こうとすれば必ず処罰される、ペナルティを課されることになっているのですけれども、それをおし

日本のあらゆる制度・企業の体制が
「右肩上がりの経済」を前提にして築かれてきた.

てもそういう抗議行為をせざるをえないということです。保険制度全体の維持がむずかしくなっている。

なぜそんなにむずかしいのだろうか。これほど経済が発展し、高い生産力を持ち、それぞれの国民が相応の収入を得、一定の生活水準を確保しているこの国で、なぜそんなにこの制度の維持がむずかしくなってしまうのか。ある意味では非常に不思議な気がします。しかし、個別にどこから問題が発生してきたのか、ということをたどっていくと、結局、何か知らないけれどもお金がかかりすぎるのではないか。ある意味では当たり前の言い分です。お金がかかりすぎるから維持がむずかしくなってしまう。しかし本来、そんなにかからなくてもいい状況でお金が出ていく。そういうことが医療の現場のいろいろなところにある。一つは薬の問題であり、一つは診療報酬の問題である。飲まなくてもいい薬を処方され、それを飲んでしまう。やらなくてもいい検査や治療行為をやって、そこでお金がかかる。なぜそんなことをするのだろうか。いってみれば「壮大なむだ」が制度として行われている。そういう言い方ができるだろうと思います。制度が老朽化すればするほど、壮大なむだが発生する。つまり、そこにさまざまな「既得権益」が巣くっていく。そしてそれはなくならないし、どんどん力を広げていく。これは製薬会社の姿勢でもあろうし、あるいは医療機関の姿勢かも知れない。いずれにしても、そういう制度の問題があることはまちがいない。いくら金があってもこれでは足りないという、制度疲労を起こしている

金融崩壊.
「護送船団方式」という大蔵省の過保護が
日本の金融業を「ウドの大木」にした.

ことになる。年金の問題、福祉の問題、これもやはりそういう制度上の問題をさまざまにかかえているのです。

そして日本の経済が確実に経済成長を続けていくという上り坂にある時は、この年金問題、福祉問題というのは、じつは起こってこなかった。下り坂になりはじめると、とたんに財源が不足する。制度が保障した年金が支給できない、制度が約束した福祉のサービスがうまく供給できない、という問題がでてきてしまう。年金制度も福祉制度も大前提として、日本の経済はどんどんうまくいくんだという「右肩上がりの経済」を前提にして築かれてきました。右肩上がりというのは、これまでのように成長する日本経済の動きをグラフに描きますと、グラフは左の方が低くて右の方が高くなる。時間の経過が左から右の方に描かれるのが普通のグラフですから、「右肩上がり」という表現がしばしば行われる。考えてみると、日本のいままでのあらゆる制度、あるいは企業の体制も、すべてが日本の経済は右肩上がりであるという大前提を持っていた。しかし、この大前提が崩れてしまったら、みんなおかしくなってしまう、そういう状況だろうと思います。経済崩壊ということの医療や年金や福祉における側面が、そういう形でとらえられるだろうと思います。

それから銀行とか証券会社という、いわゆる金融と呼ばれている業界が崩壊している、ということはだいぶ以前からいろいろな出来事で広く知られているところです。日本の銀行というのは、かつては「絶対につぶれない、絶対につぶさない」という政策がありまし

金融崩壊の最大のポイントは不良債権問題.
銀行はあまりにも気楽に
無責任に金を貸してしまった.

た。大蔵省が管轄する業界ですけれども、それを公然と言っていた。それをずっと守ってきた。したがって国民はちゃんとした銀行がつぶれることはありえない。「山一證券」のような大きな証券会社がつぶれることはありえないと信じていた。ところが現にそれがつぶれてしまった。「北海道拓殖銀行」や「日本長期信用銀行」などの大銀行もつぶれてしまった。まさに金融の世界に大きな「制度疲労」が起こっている。まさに「金融崩壊」が起こっているという印象が強い。なぜ金融業界がこんなふうにつぶれなければいけないのか、崩壊しなければいけないのか。結局これも制度疲労ということにつきるだろうと思います。いいかげんな経営をしても大蔵省がちゃんと守ってくれる。実際にそうだったんです。「護送船団方式」と呼ばれています。

だから経営の責任を持つ立場の人たちというのは、いってみれば幼稚園の子供が百パーセント母親のことを頼っている、信頼して日常生活をおくっている。行きたいところに行ってもちゃんと母親が見ていて、あぶない時には「あぶないよ」とつかまえてくれる。ですから、なんの心配もない。行きたいところに行ける。そういう状況だったのです。けれども、そういう親の保護のようなものが続けられていくうちに、結局、子供の方はあまりにも自分でしっかりしなさすぎる。あまりにも無責任な行動をやりすぎる。母親が普通の注意力で目を光らせていたのでは、その子供はいつ視界から消えてしまうような行動をしないともかぎらない。常軌を逸した行動をする子供がもしいるとすれば、それは普通の母親

財政崩壊――
日本国家が「サラ金地獄」に陥っている.
このツケは結局国民に回ってくる.

にはもう手に負えない。「安全は守れません」というような状況になってしまうはずです。日本の銀行、それから証券会社、これはまさにそういうふるまいをするような状況になってしまった。それと、たまたま日本の経済を取り巻く国際的な環境が、それを一層きびしいものにしたのです。前と同じ国際環境であれば、まあまあ大丈夫だったかもしれない。大蔵省の通常の能力で、あるいは注意力で大丈夫だったかもしれない。しかし国際環境がずっときびしくなって、大蔵省がそうとう努力をしても、もう銀行を守れないというような制度疲労が強くなってしまったということです。

金融業界の制度疲労の最大の現象は、いわゆる「不良債権問題」だろうと思います。不良債権の問題というのは、ある意味では不可抗力のところがあります。景気がずっといい状態が続くと思って銀行が企業にお金を貸したら、予想に反して経営環境がきびしくなってしまって、回収できるはずのものが回収できなくなってしまったという面があります。しかしそれを考慮に入れても、「バブル経済」の時に見せた銀行の金貸しのやり方は常軌を逸していた。あまりにもちゃんとした判断をしないままお金を気楽に貸してしまった。背景にはお金があまりにも余ってしまって、「頼むから借りてくれ」というような「借手市場」であったということがあります。けれども、それにしても本当に回収できるかどうか、リスクはどれぐらいか、ということをもう少し標準の手続きどおりに評価していれば、あんなに膨大な不良債権は発生しなかった。アメリカでも一九八〇年代に銀行がたくさん倒

日本国家のサラ金地獄.
収入は50兆円しかないのに
80兆円の生活をしている.
30兆円は借金.

産しています。ですから、そういう点では別に日本の金融業界だけが甘かったということは言えないかもしれません。しかし、その倒産の中身、そして不良債権の中身、あるいはその不良債権化するプロセスを比較すると、やはり日本の場合は非常に評価が甘い。考えられないほど安易にお金を貸してしまった。不良債権がたくさん生まれて当たり前ではないか。そういう声がとくにアメリカ・サイドからは出てきます。したがって、そういうアメリカやヨーロッパのちゃんとした金融業の幹部から見ると、日本の銀行の経営者というのは「一人前ではない」という評価が出てきます。相手にされないということになります。これはいまでもそうであって、いかにしてちゃんと評価される、相手にしてもらえる銀行の経営者になるかという問題があります。

それから「崩壊」のなかで、ことのほか重要ではないかと思われるのは、国の財政が崩壊しているという、「国家財政の崩壊」という問題です。日本国家そのものが「サラ金地獄」に陥っているのです。国家財政が崩壊しているということは一体どういう意味を持つのだろうか。国家財政を支えているのは一人一人の国民です。したがって国家財政が崩壊してしまったということの後始末は、すべての日本の国民におよんでくるということは非常にはっきりしています。一番可能性としてありうるのは、「後始末に膨大なお金がかかるからもっと税金をいただきますよ」という税金のツケがくる。これはたぶんまちがいない。じつは税金のツケを回す前に、「国家財政としてどれだけお金を節約したか」ということが

韓国の通貨危機——バブルが崩壊して「破産」してしまったがＩＭＦという「破産管財人」が付いた.

本当は重要です。「行政改革」とか、「財政改革」とかいう言葉が登場してもう一〇年にも二〇年にもなる。なかなか「改革」できない。しかしここにきて、国家財政の危機は急激に深刻化している。それはこの不況が長引くにつれてますます深刻の度合いを加えています。

われわれの家計でいいますと、いまの日本の国家財政というのは、自分で日常的に稼ぐ収入では生活費が足りなくて「サラ金」からたびたび借金をしている状態です。そして前に借りたサラ金から催促されると、新しいサラ金に行ってお金を借りて、それで古いサラ金に返してやる。いわゆる「サラ金地獄」という言葉で表されています。どうにもならない、地獄に落ちてしまう。どうするか。個人の場合には、法律によって「破産宣告」をしてもらう。「私はもうだめです。完全に返す能力はありません。自分で管理ができないから国が管理してください。」これが破産の申請です。そうすると弁護士がちゃんと付いて、「あなたは毎月いくらで生活しなさい」と生活費を決められてしまいます。餓死するような生活費は決められませんから、一応の生活ができるという生活費を決める。そしていま経常的にある収入の中からそれを引いて、残った分の使い方は自分勝手にはできない。これはどこどこにいくら返すというふうに全部ふところを押さえられて管理されてしまう。レジャーにもなかなか行けないし、自動車を買うのも自由にはできないという、いってみれば「独立した社会人」ということをやめさせられて、ちょうど子供が親に管理されるように、命令に従わなければいけないということになります。しかし考えてみれば、そういう

韓国経済はＩＭＦ管理のもとで
「大手術」(大改革）を受けた.
手術による治療は回復が早い.

ふうにだれかがちゃんと管理してくれて、それに従っていればなんとか返済の地獄から抜け出せる。ある部分は免除される。少しがまんしてれば、またもとの自由の身に戻れるという制度が用意されている。これは一種の「安全装置」です。江戸時代であれば命まで失ってしまうということもありました。でもいまはそこまでいかないように救ってあげようという「セーフティ・ネット」というものが、いろいろなところで整っている。

しかし、いまの国家財政を個人や家計にたとえていく場合に、ここのところはじつはたとえられない。同じように考えられない。そこが個人と国家の違いです。国家が破産してしまうということが可能かどうか、そしてまた破産をした場合に、破産管財人みたいな責任を持って事を処理してくれる安全装置を期待できるだろうか。じつは非常にむずかしい。まったく安全装置がないということはありません。例えば、数年前に韓国が通貨危機に陥った。韓国は他の国からたくさん借金して、工場を造って、経済成長を大々的にやっていた。財閥がいくつもあって、それぞれの財閥が自動車を自前で作っているというような、いま考えたらバカみたいなことを競争でやってきたのです。自動車業界というのは大量生産を極限まで進めないと採算がむずかしい。けれども韓国の事業家たちは、「そんなことは知らないよ。自動車を作りたいんだ」と。自動車を作るというのは、ひとつのステイタス・シンボルみたいな感じだったのです。そのために必要な資金はどこでも貸してくれるじゃないか。日本の銀行も貸すし、アメリカでも貸す。バブルの時には資金がいくらでも入って

韓国経済は大手術を受けて早く回復できた．日本経済は「薬」で治そうとしてなかなか回復できない．

きました。ところがちょっと世の中の雲行きがおかしい、嵐が来るかも知れない、となるとみんな逃げ出してしまった。韓国に貸した資金が回収できなくなってしまうと思われて、国外に全部逃げ出した。とたんに韓国はお財布にお金がなくなってしまった。借金の期限はくる。返せない。結局、韓国として「破産」をしてしまったのです。どうしたか。個人の場合には弁護士がいろいろ指導します。国家の場合には「ＩＭＦ（国際通貨基金）」という国際的な制度があります。ＩＭＦという機関が各国の出資でできています。それと「世界銀行」という、これも国際的な組織があって、いってみれば国際レベルの金融機関がちゃんと指導してくれた。そして指導に従えば当面支払いに必要なお金は世界銀行で、あるいはＩＭＦで責任を持って貸しますよ、という保証をした。これで韓国は救われた。

しかし、大げさな言い方をすれば、第二次世界大戦で敗けた日本と同じで、国家主権を失ってしまった。意思決定が自分の国でできなくなったのです。国家を超える国際機関の命令に従わなければいけない。日本が第二次世界大戦で敗けた時に独立の国家としての性格を失いました。全面降伏です。連合国の指示を受けて国の運営をしなくてはいけない。まさに破産した人間と同じようなものです。意思決定の権利を取られてしまった。日本が戦争に敗けて数年間、意思決定の権限を取り上げられたのに比べると、韓国の場合はまだ程度が軽い。けれども事の性質をいえば、まさに同じような性質のことが韓国についい数年前に起こっていた。これはじつは韓国だけではなくて、タイも通貨危機でそうなった

日本流の意思決定手続きは時間がかかるうえに責任の所在があいまいになってしまう.

し、インドネシアもそうなった。マレーシアもそうなりそうになった。マレーシアはそうとう抵抗した。インドネシアもいろいろ抵抗した。タイや韓国は比較的素直に指導を受けた。そのせいもあって、いま韓国は非常に早く経済が立ち直りはじめているということがいえます。

韓国と比較しますと、日本の立ち直りは非常に遅い。なぜ遅いのか。日本の国家に命令をする人がいないからです。例えば、「この設備は重荷だから廃棄してしまいなさい」などと韓国はＩＭＦに命令されたんです。それをやらなければいけない。やらないと支払いの資金を貸してもらえない。貸してもらえなければ、それこそ「倒産」です。大変なことになります。したがって、もう有無を言わせず過剰な設備、あるいは不効率な企業・産業、これを消滅させたり、あるいはまだ見込みがあるのは二つくっつけたり、あるいはいらないのは切り取ってこっちにくっつけたりとか、とにかく日本の現在の状態ですと考えられないぐらいの荒療治が韓国では一、二年の間に行われました。病気を治すのに、「手術すると痛いから、だましだまし薬を飲んで治そう」などということをやっていると、じつはなかなか治らない。そのうちに死んでしまったりする。しかしやはり早く治った方がいい。少し痛いかもしれないけれども、「ちょっとがまんしてそれを乗り切ればそっちの方がいい」と覚悟を決めると、すぐ治ってしまう。手術をしようという意思決定ができるかできないかです。

「国債」「地方債」は国家の借金, 「国民」が「政府」にお金を貸す.

個人であればそんなに深刻な問題ではないと思いますが、国家の場合は意思決定の手続きというのがあります。日本の意思決定の手続きは、世界一むずかしいというか、動きが鈍い。そういう点でもじつは制度疲労を起こしていると言わなければいけないだろうと思います。おおぜいの方がなにがしかの形で経験されていると思いますけれども、企業で意思決定をする場合に、本当はだれが決めたのか、じつはだれもわからない。もちろん社長が決めているということは普通はありえない。だから社長はある政策が失敗しても真底から責任を感じない。「これはおれが企画したんじゃない。おれはハンコ押しただけだ」と。ところが全部がそういうふうに思っている。企画の出発点というのはあります。たぶん下の方の人が企画のスタートラインでしょう。その人は、「いや、おれは言われたから書いただけだ」などといって、あとは「下から上がってきたからだ」ということになります。これはまさに日本の意思決定の組織の一つの重要な特徴であり、かつてはそれが長所にもなったけれども、いまやますます短所になっているということがあります。

いま国家財政が危機に瀕しているという話を一般論としてしました。どの程度、危険な状態になっているのかというデータをお目にかけたいと思います。

図5は、日本、アメリカ、フランス、イギリス、ドイツというよく比較される主要な国ですが、これらの国で中央政府と地方政府がどれだけ借金を背負っているかというグラフです。国が借金をする場合にとられる一般的なやり方というのは、国債を発行して、その

(国債＋地方債)÷ＧＤＰ＝国の「サラ金地獄」度

図５　国家の借金の国際比較（ＧＤＰ比）

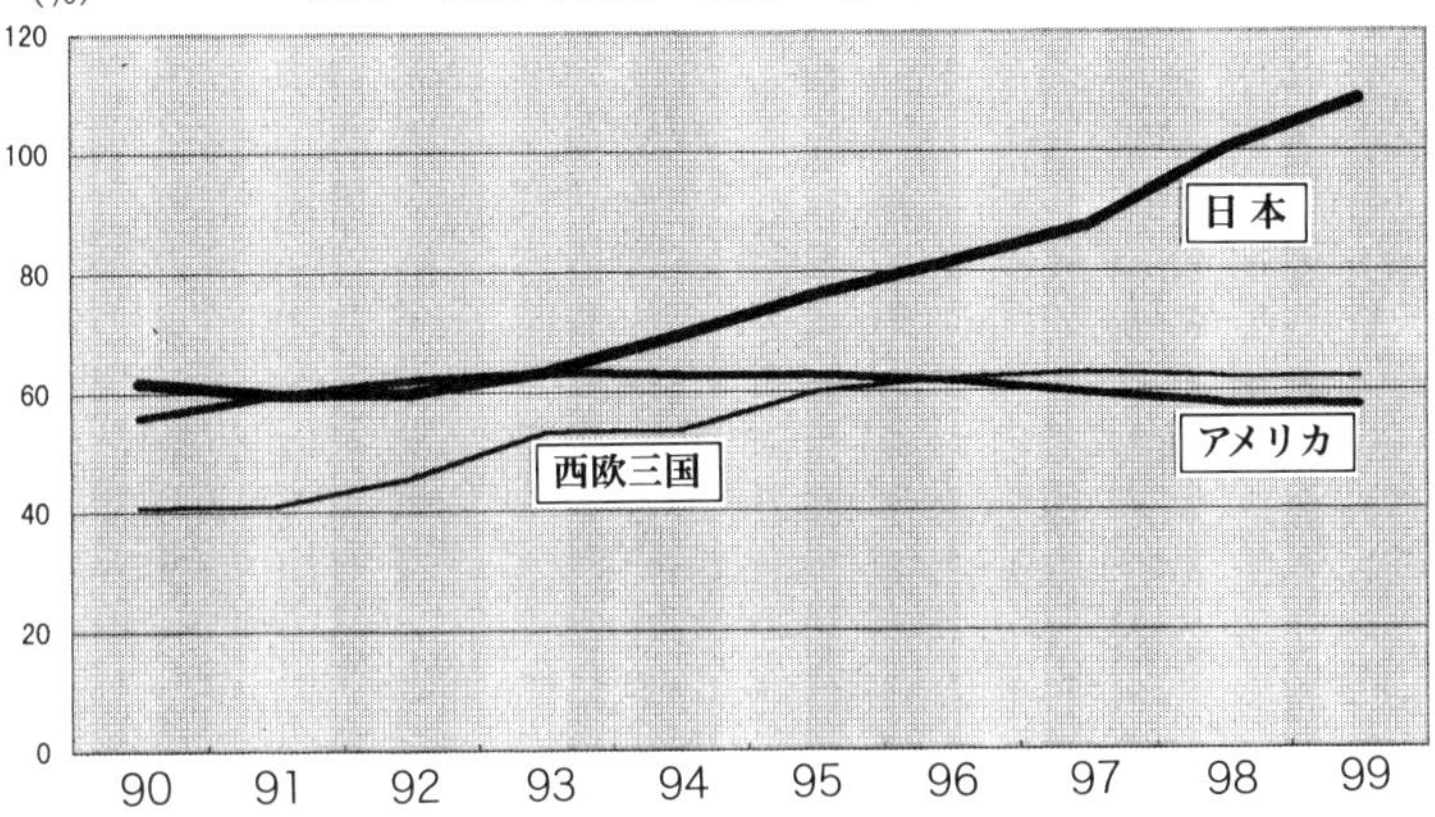

1　国債・地方債を含む中央政府と地方政府の借入金残高の総合計額が GDP に占める割合。
2　「西欧三国」とは、イギリス・ドイツ・フランスを指し、数値はそれぞれの国の借入金残高 GDP 比の単純平均。
3　日銀『金融経済統計月報』(各月版)、自治省『地方財政白書』(各年版)、地方財政調査研究会『地方財政統計年報』(各年版)、地方財政制度研究会『地方財政要覧』(各年版)、日銀『日本経済を中心とする国際比較統計』(各年版)、OECD STATISTICAL COMPENDIUM on CD-ROM (各版)、OECD ホームページ（http://www. oecd. org/）からのデータ、イングランド銀行ホームページ（http ://www. bankofengland. co. uk ）からのデータなどにより算出。

国債を国民の余裕資金を持っている人に買ってもらうということをします。そうしますと、外国からお金を借りないで自分の国の国民からお金を借りるということで、政府の借金の仕方としては一番健全なやり方です。借金自体は別に健全ではないのですが、借金をするとしたらもっともいいやり方だということになります。新聞などを見ていますと、いま国債がどれだけ発行されているとか、あるいは今年度の予算の財源がどうも足りないので、国債を何兆円発行することになったというニュースが出てきます。そんなふうに

主要国の借金度――日本は100％を超えている.
欧米は50～60％で日本よりずっと健全.

国の財政というのは、基本的には国民が納める税金で賄うということになりますが、経済が落ち込んでいる時にはたいてい税金の集まりが悪くなってしまう。一方、国が支出しなければいけないお金は、景気が悪くなってもそれほど少なくならないし、むしろ反対に景気が悪くなった時ほど金がかかるという性質があって、どうしてもお金が足りなくなってしまう。その足りないお金を借金するんだけれども、その普通のやり方が国債を発行することです。

都道府県、それから市町村、これらは「地方の政府」です。日本では普通は政府といいません、「地方自治体」といいます。地方自治体も結局、小型だけれども同じようなことをやらなければいけません。やはり基本的には国民の納める税金で自治体の財政を賄うということですけれども、その場合に財源が不足すると「地方債」というものを発行して、国債と同じように国民のどなたかから金を貸してもらうということをやります。ですから地方自治体も広い意味で「国家の政府」の一部と考えて、中央政府がどれだけ国債を発行しているか、地方自治体がどれだけ地方債を発行しているか。これを合わせたものがその国の借金ということになります。

その比較をやろうということです。これは一九九〇年から九九年まで、約一〇年間の主要国の借金残高の程度をグラフにしています。どういうふうにして借金の程度を測るのかといいますと、普通はさきほど出てきたＧＤＰ（国内総生産）、つまりその国の経済活動の

アメリカはかつて「双子の赤字」に苦しんだ.
財政赤字と貿易赤字と.

規模で、これは金額で表されます。日本の場合は、さきほども紹介したように、五〇〇兆円です。五〇〇兆円ほどのGDPが毎年生産されています。そして国債と地方債を中心とした国の借金が、このGDPの金額の何パーセントに当たるかという比較をしています。例えば、個人や家計のレベルでたとえてみますと、どのぐらいの借金を背負っているかということを表す場合に、絶対額だけいってもあまり意味がありません。その人の収入がどれぐらいあるか。その収入のどのぐらいの割合の、例えば住宅ローンをかかえているかなどといって、「それは大変だ」とか、「それなら楽だ」とか判断をしますが、それと同じ目安で、国の場合はGDPの何パーセントを占める借金があるかを見るのです。

それを見ますと、日本の動きはうなぎ上りに上がってしまった。バブルの時期はそれほど他の国と差がありません。バブルがはじけた後、どんどん上ってしまった。いまでは極端に差が開いている。一〇八・五パーセントの借金をいま日本の国はしている。一〇八パーセントというのは、結局、五〇〇兆円と大雑把に見積もった場合に、もし一〇〇パーセントであれば、借金の残高がちょうど同じ五〇〇兆円になります。ところが、いま実際には約六〇〇兆円あります。六〇〇兆円の借金を日本の国が抱えている。したがって、計算すると一〇〇パーセントを越えまして、一〇八・五パーセントほどになるというデータです。

一方、ほかの国を見るとどうでしょうか。だいたい五〜六〇パーセントです。九〇年代の初めはヨーロッパの国は非常に低かった。ちょっと上がったけれども、しかしすぐカー

日本の国家予算の40％が借金で賄われている．
借金は毎年毎年積み上がっていく．
国債（借金）の後始末のために
財政支出の４分の１が使われている．

ブが平らになって、いまだいたい落ちついています。現在一番高いのはフランスの六七・二パーセント、それからドイツの六二・二パーセント、それからアメリカの五七・二パーセント、それから一番下がイギリスの五六・二パーセントというように、だいたい五〜六〇パーセント台に収まっています。アメリカの場合はかなり安定している。だいたい六〇パーセント前後でずっとこれが維持されていて、とくにここ数年はこのパーセントが下がりぎみである。下がりぎみなのは、アメリカの景気がいま非常に良くて財政収入が非常に増えている。経済の景気がいいと国民の所得、企業の所得も上がりますから、そうすると納める税金が当然増えるということで、財政収入がいまアメリカは増えています。ですから借金をする必要はないということになります。しかしその前は、アメリカは財政赤字に苦しんできた。つまり、いつも財政の足りない分を補うために国債を発行して穴埋めをしてきたということで、アメリカの財政赤字というのは有名でした。日本はかつてそれを批判していました。アメリカはかつて財政赤字と貿易赤字という二つの赤字をずっと続けてきた。この二つの赤字のことはよく「双子の赤字」と言われました。いつも仲良く二つそろってセットで赤字になっていた。

現在、九九年度当初予算でいうと、国の予算のもとになる財政収入のおよそ六割が税金で賄われているだけであって、あとのほぼ四割は国債を発行して、新たに資金を調達している。つまり、借金をこれだけ増やしているということになります。借金が予算の四〇パー

地方財政も国家財政に勝るとも劣らない危機.
この10年で地方財政の借金度は倍増している.

セントを占める。そこのところをよく頭に入れていただきたい。そして支出の方でいえば、いわゆる「国債費」という名目で予算が計上されています。これは国債の「償還」、つまり借金を返すためのお金です。毎年毎年、国債を発行していますから、五年とか一〇年とか経ちますと、元金をそっくり返さなければいけない。これを国債の償還といいます。また毎年毎年、約束の利息を払わなければいけません。その償還のための費用、それから毎年の利息の払いのための費用、これを合わせて「国債費」と呼んでいて、それが二四・二パーセント。これは九九度の予算の内訳ですが、結局、国の予算。支出の四分の一が国債の後始末のために使われているということです。これはお金の使い方、予算の使い方としては非常に後ろ向きの性質のものです。

収入では四割を借金に頼っている。そして支出では四分の一をその借金の後始末にあてなければいけないということになっています。このうなぎ上りの「国債発行残高」、借金の残高が示すものは、この状態が今後けっしてよくなるという見込みはない。むしろますますこの割合が増える可能性があるし、そうするとこの後始末のお金も増えていくということが懸念されます。こんなふうに、いまの日本の国家財政、地方の分までふくめた国家財政は非常に深刻な危機に直面している。そして結局のところ、国債の後始末をするのは最終的に国民の税金があてられなければいけないのです。自転車操業みたいに「国債を返すために国債を発行する」ということを、じつはいまでも部分的にやっていますが、それを

いま国がかかえている借金は
国民一人当たりにすると500万円なり.
これはとんでもない金額.

図６　地方財政の債務残高とＧＤＰ比の推移

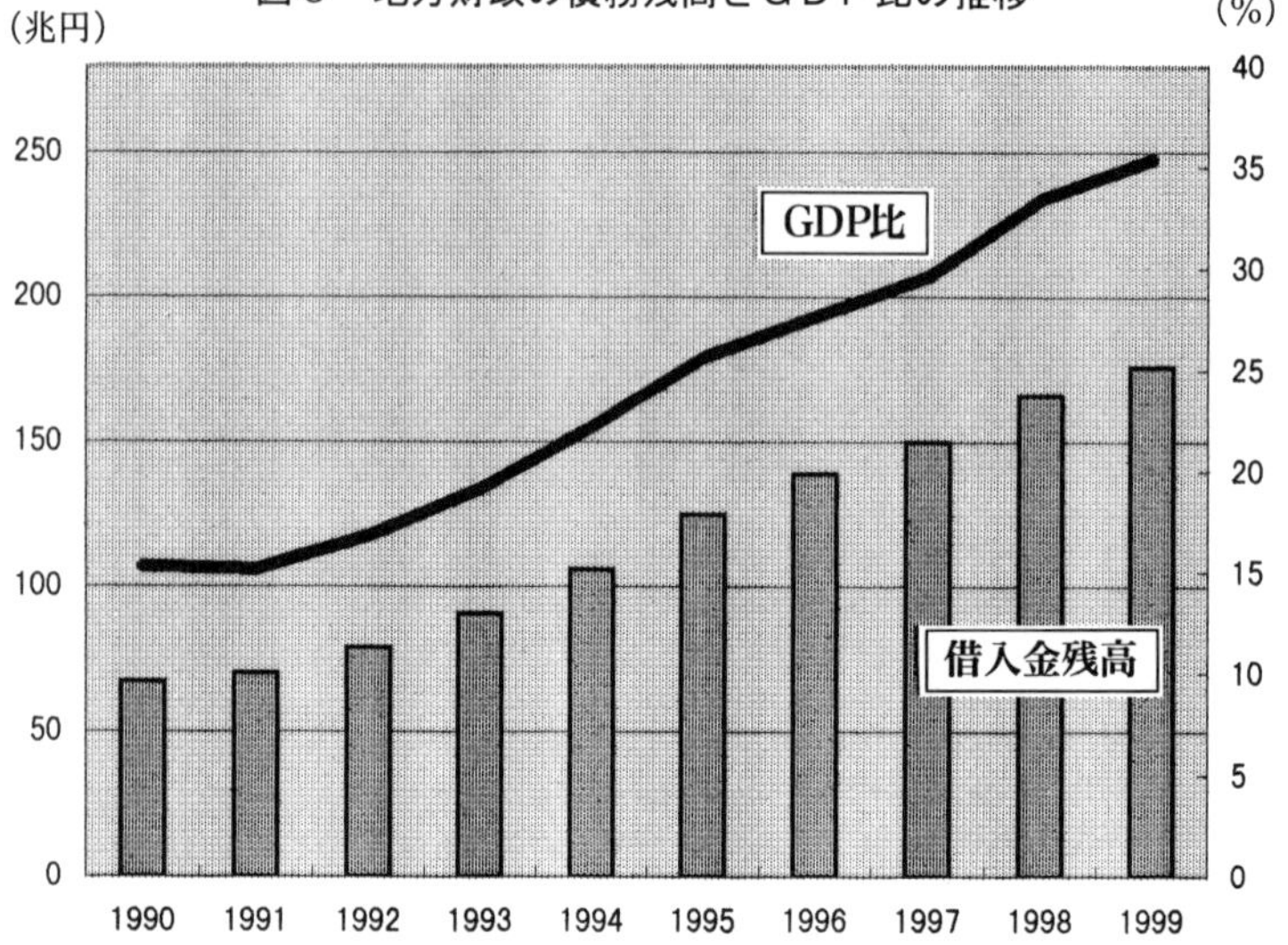

1　年度単位。GDP は名目。99 年度は見込み。
2　負債残高は左目盛り（単位兆円）。GDP 比は右目盛り（単位％）。
3　日銀『経済統計月報』／『金融経済統計月報』（各月版）、自治省『地方財政白書』（各年版）、地方財政制度研究会『地方財政要覧』（平成 10 年版）により作成。

永久に続けられることは絶対にありません。

　地方の状況がどうなっているかを見てみますと、じつは国家財政に勝るとも劣らない危険な状況であるということです。**図6**をごらんください。地方財政の借金の残高がいまいくらあるか。だいたい一六〇兆円ぐらいの残高を背負っている。国と地方を合わせて約六〇〇兆円の負債をかかえている。その三分の一にはなりませんが、それに近い金額が地方財政の負担、借金になっている。それがＧＤＰのど

政府は借金問題をできるだけ早く,
しかも国民に大きな負担をかけずに
解決しなければならない.

のぐらいの割合を占めるのか。いま三五パーセントを占めている。九〇年代初めには半分以下だった。割合としては一五パーセントぐらいの比率しか占めていませんでした。ですからいま非常に大きな借金を背負いこんでしまっているということがいえます。

ところで五〇〇兆とか六〇〇兆とか一六〇〇兆とかいっても全然ピンとこない。五〇〇万というとピンときます。それで五〇〇万だよという数字を申し上げたいのです。何が五〇〇万だろうというと、六〇〇兆という国全体の借金があって、日本の人口が約一億二〇〇〇万。割算をしますと五〇〇万円です。国が全部でいま六〇〇兆円の借金をしている。国民一人一人に割り当てて処理させようとしたら、日本中の赤ん坊から年寄りまで、一億二〇〇〇万人の一人一人に五〇〇万円ずつ出してもらう。五〇〇円じゃないです、五〇〇万円です。そんなお金は出せませんね。まして一人ですから、一家族だったら何とかなるかなという気がしないでもないけれども、五人家族で二五〇〇万ですから、住宅ローンよりも重い負担になるのではないですか。ですから六〇〇兆円といってもピンとこないけれども、割算をするとじつはこれはとんでもない金額です。

即座にこの借金問題を解決しよう、と、もし考えたとしたら、そんな乱暴なことはできませんけれども、赤ん坊にも「五〇〇万円出せ」と、臨時徴収の税金で一人五〇〇万円出してもらうということをやるしかない。そんな乱暴な極端なことはやれるはずがないですが、それをちょっと延ばして、結局はある段階で、一〇年計画とか二〇年計画でやらざる

日本の政治家・官僚も国民も危機意識が薄い.
アメリカ国民は「借金時計」を作って
国家財政の危機に警鐘を鳴らしている.

をえないでしょう。そうじゃないと雪だるま式に増えていきます。山一證券の損失みたいなもので、隠そうとするとこれは余計にふくれるという性質を持っていますから、早く処理した方がいいということです。しかし、こんな金額を早く処理するということ自体大変なことですから、できるだけ早く、しかし国民の一人一人に大きな負担がいかないようにという、非常に矛盾した問題をこれからの政府は解決しなければいけない。おそらくいまの政治家のだれも自信がないでしょう。自信がないけれどもみんな政治家になりたがるというのは、自分の本当に深刻な問題と考えていないからです。自分が全責任を持たなければいけないという借金であれば、これは本当に深刻に考えるのですが、だれも自分の責任ではないのだという受けとめ方をしています。とくに日本ではその雰囲気が強い。韓国では借金の問題がもっとずっと早く解決している。さきほどいったような、有無を言わせないような状況におかれているということもありますけれども、日本はそれに比べると非常に危機意識が薄弱です。

ちなみにアメリカの国民はどれぐらい借金をしてるんだろうかということですけれども、興味深いことに、ニューヨークの街角に民間団体が作った「借金時計」と呼ばれる電光掲示板があります。そこにはいまアメリカの国民が国家財政の負担として、いくらの借金をかかえていて、それは一家族当たりいくらになるかという情報を刻々と映し出しています。それによると、アメリカが国として五兆六〇〇〇億ドルの借金をかかえていること、それ

日本はこれから「格付け」の時代,
企業も人も格付け評価されるようになる.
「北海道拓殖銀行」など金融機関の倒産は
格付けの引下げが引き金だった.

は一家族当たりにすると七万二〇〇〇ドルであることがわかります。この数字から国民一人当たりの負担を計算すると、ほぼ日本国民の半額となります。つまり、日本の国民一人当たりの負担が五〇〇万円であるのに対して、アメリカ国民は、まだ二五〇万円の負担なのです。それなのに危機意識をもった民間団体が「借金時計」を作って、警鐘を鳴らしている。日本人の危機意識は薄い。

いま、何かというと、「格付け」が上がったとか下がったとかという話がでてきます。格付けというのは、もともと日本の制度ではなくて、アメリカの経済の中で自然発生的に誕生した制度です。アメリカでは国民のかなり多くが、自分の財産を直接に企業に株式という形で投資をしていることが多い。日本では金融機関のほとんどが銀行預金になっているということで、日本の国民にとっては自分の財産が守られるかどうか、ということについてはほとんど金融機関任せで、預けてしまえば終わりということで、あまり関心を持っておりませんでした。それに対してアメリカだけではなくて欧米全体がそうですけれども、自分の財産というものの運用については人任せにしない、自分でやる、そういうとらえ方が非常に強いのです。そうしますと必然的にどの企業に自分の資金をつぎ込んだら、委ねたら一番いいのだろうか、という判断を迫られます。それを自分の力だけでやるというのはなかなかむずかしいので、その必要から、専門家が、あの会社はこれこれの状態ですよ、どのぐらい安心してあなたのお金を任せられますよ、という評価をしてくれるようになっ

日本国の格付けは最高の AAA から
次の AA へ引き下げられた.
「借金」が多すぎるのが理由.

た。そしてそれを売り物にする専門の企業がいくつも現れたのです。それが「格付け会社」です。この会社がだんだん勢力を拡大して、世界中の会社の格付け、会社だけでなくて世界中の国の格付けもやるようになった。つまりそれだけこの格付け会社の信用がしっかりしているということです。民間の機関であるけれども非常に冷静、中立に企業の業績評価をやる。ですから多くの人が、あの会社の格付けは信用できる、と信頼するようになった。

それで日本でもだんだんと格付けということに関心が持たれてきた。格付けに対する関心が非常に強くなったのは、「山一證券」などの金融機関が倒産するきっかけになったのが「格付けの低下」という出来事だったからです。「北海道拓殖銀行」なども格付けが引き下げられたということで、それをきっかけにして、仲間の銀行が資金を貸してくれなくなったというきびしい状況に追い込まれてしまった。これだけいいますと、格付け会社が悪いやつだと、銀行をつぶしたんだという、表面的な受けとめ方がでてくるかもしれませんが、けっしてそうではありません。この格付け会社の評価がいかに信用されていたかということの証明です。格付け会社が、ここの格付けは下げざるをえないといったら、それはもう一〇〇パーセント信用されて、したがってあそこにお金をつぎ込んだら取れなくなってしまう、という危険信号と受けとめられたからです。そんなふうに、従来の常識からしたら倒産するはずのないものが倒産した、ということで非常に注目を浴び、しかもその引き金を引いたのは日本ではあまり一般化していない、格付けという出来事であったということ

通貨危機の韓国は屈辱的なＢランクの評価を受けた．
それをバネにより早く危機を脱した．

で、それ以降、格付けに関心が持たれることになってきました。

それで、格付けという評価を国そのものにも行っているということがあります。例えば日本の国の格付けというのがあって、いままではそんなものがあることさえ知らないで、どうでもいいという感じで関心を持たなかった人がほとんどですけれども、気がついてみると、いろいろな国にちゃんと格付けが行われている。つまり、この国は経済面で信用ができるかどうか、この国にお金をつぎ込んでリスクがないかどうか、という評価をします。スタンダード・アンド・プアーズという会社の評価でいうと、日本はずっとＡＡＡ（トリプルＡ）で、これがこの会社の最高ランクです。その下にＡＡ、そしてただのＡというように、だんだんとランクが下がっていきます。日本はずっと当たり前のようにＡＡＡであった。それはそうです。日本は世界の優等生だと自他ともに許していたのですから、わが国がＡＡＡでなくてどこの国がＡＡＡになるか、当たり前だという感じでいたのです。ところが、この財政危機をきっかけにして、日本の国は一〇〇パーセントは信頼できないというランクに下げられてしまった。ＡＡＡがＡＡに一ランク下げられた。しかしよくよく考えてみると、これはかなり屈辱的な評価ということになるはずです。例によってだれも、おれの責任ではない、と深刻な顔はしていないようですけれども、しかしやはり深刻に受けとめなければいけないと思います。アメリカの倍の借金を背負っているということが、まさに格付けが下げられた理由になるのです。サラ金に手を出した人間は一〇〇パーセン

日本の格付け会社は
世界でまったく信用されていない.
なぜだろうか？
それは日本人の伝統的行動様式からくる.

ト信用してもらえません。いつどうなるかわからない、ということです。そんなわけで、国家も格付けをされる時代になっています。

ちなみに通貨危機にみまわれた韓国は、格付けがかなり悪いBランクに引き下げられてしまった。Bランクというのは非常に悪い。この国に投資すると、元が取れない可能性があるという場合にBという評価をします。だからもし、日本がBを付けられたら、もうそれこそ崩壊もいいところです。たぶんそこまでにはならないだろうという安心感はみんな持っていて、だから政治家もそんなにまじめにやらないということがあるのだろうと思います。逆にいえば、韓国は本当に屈辱的だった。IMFに命令権をにぎられて、しかもアメリカの格付け会社からは、おまえのところは信用できない国だとしてBのレッテルを貼られて、こんな嫌なことはない。ですから、おそらく一生懸命になって民間の経営者も政治家も官僚も信用を取り戻そうとしたのです。その甲斐があって、さきほどお話ししたように、思ったよりもずっと早く危機を脱した。いまはまた一ランク評価が上がって、危険ではないというランクに戻されているはずです。日本の方はBにならないだけいいんだという考え方をする人もいるのですが、しかしBにならなければいいというような問題ではなくて、やはり一番高く評価される状態にできるだけ早くカムバックするということが、日本の国家の信用度を回復する最高のやり方だと思います。ただ、どうやってやるのか、これはじつはむずかしいのです。国家財政の借金の重さということだけ考えても、なかな

日本人の行動様式は「公私混同」型,
欧米人の行動様式は「役割忠実」型.

か一挙に解決する現実的な方法がありませんので、日本の国の格付けというのはなかなかＡＡＡにカムバックできないのではなかろうかと考えられます。

日本の中にも格付けの会社なり、あるいは格付け機関というのがいくつかあります。けれども格付けの信用度という点で、アメリカの格付け会社の比ではない。とくに海外に出た場合に、日本の格付け会社の評価というのはほとんど一〇〇パーセント通用しない。そういう情けない状況です。これは何を意味するのだろうか。日本の企業なり、あるいは日本人の行動様式というものと深く関わっているように思われます。欧米流の行動様式というのは、ある与えられた役割とか、期待されている役割を理解すると、忠実にそれを全うしようとします。日本人から見ると、ばか正直に思えるほど役割に忠実な行為を当然のこととしてやります。ですから例えば、株式会社という組織を作る場合に、当然、株主がいて、社長がいて、いろいろな役員がいます。その役員の中に必ず「監査役」という役割があります。これは欧米の組織をまねして作ったものですから、ちゃんと同じように監査役が必要なことになっている。

監査役というのはどういう役割を期待されているのかというと、その会社が公明正大なお金の処理、経営の行動をしているかどうか、何か隠していることはないか、不利な情報を公開しないで隠したり、あるいは意図的に数字をごまかして発表して、会社の業績をよく見せたいというようなことをしないように、ちゃんと監視をしているという役割です。

日本企業の「監査役」は有名無実,
ほとんどチェック機能を果たしていない.

ですから例えば、いまいろいろ問題になっているように、「長銀」の責任者たちが、後から調べたらもう信じられないようないいかげんな経営をやっている。赤字が出ていることを知りながら、それを隠して株主にちゃんと配当して、不良債権があるのに、ないように工作を繰り返しているとか、そういうなかでお目付役が目を光らせていればすぐわかるはずのことを繰り返し繰り返しやっていた、ということがだんだんとわかってきた。しかし、じつはこれは特殊な例ではありません。それがなかなか表にでないだけであって、「山一證券」とか「長銀」とか、たまたまつぶれてしまったので犯罪だということで警察が強制捜査をしています。そうするといろいろなことがわかる。しかし強制捜査をされなければ、ほとんどのことは闇に葬られてわからなくなっているというのが、日本の会社の実情です。そのことを考えた時に、日本の監査役という制度は、じつは「あってなきがごとし」ということになります。監査役が何のチェックもしていないということになります。ところが、欧米の組織では監査役という制度があって、監査役に任命された人は徹底的にその役割を全うしようとする。例えば、社長と監査役が大の仲良しである。社長が赤字を隠そうとしているという場合には、それを止めてちゃんと明らかにしなさいという、その役割を貫こうというのが普通のやり方です。ところが日本では十中八九、仲良しの友だち同士だと、社長に協力して、監査役はそんな悪いことを社長たちがやっているのを知っていても全然注文をつけない。「監査はまちがいありません」とハンコを押したりしています。それほど

アメリカの行動様式の悪い面もある.
日本の行動様式には良い面もある.
良い面を維持しながら悪い面を改めることが大切.

「公私混同」の行動様式が日本にはあるのではないかと思います。

日本では理性的に考えて、自分は何をすべきかという判断が非常に鈍いというか弱い。よくいえば非常に人間関係を大切にする、そして人情を大切にするという、良い評価もできます。この良い評価というのは無視してはいけないだろう。人間の暮らしていく環境としては、アメリカとか欧米で広がっている状況というのはけっして良くない。犯罪が非常に多いというのも、結局はそういう風土と無関係ではない。根っこはつながっているのです。ですから「監査役」ということで、いま説明したのは、アメリカの方が非常にうまく機能しているとアメリカをほめたんだけれども、けっしてそれだけではない。同じ体質が、行動様式が、じつは犯罪を多くしたり、さまざまな悪い面も持っているということになります。だから日本の監査役の制度は機能してないといま悪口もいったけれども、しかしその同じ行動様式が、他面ではいろいろ仲間を助け合って仲良く生きていくというような人間関係を生み出すわけですから、けっしてその点は否定すべきではないということになります。物事はどういう側面をとらえるか、そこでどういう物差しで評価をするか、ということでプラスの評価もでてくるし、マイナスの評価もでてくるということになります。しかし、何がいま必要なのか、ということをはっきりさせた場合は、その物差しで測って、良い評価がでるような行動をしなければいけないだろうということは言えると思います。

以上のようなことで、日本の経済が「第三の崩壊」という経験を、いままさにしています。いろいろなものが崩れると思います。監査役の制度も崩壊して生まれ変わらなければいけない。社長のあり方もいままでとは違ったものにならなければいけないということです。さまざまな崩壊現象がじつはこれからもどんどん起こってくるはずです。そのなかから「明治維新」、そして「第二次大戦後の改革」に次ぐ「第三の改革」が登場してくるでしょう。

第２章では「第三の崩壊」の
具体的プロセスを明らかにしよう.

第２章　日本経済はなぜ崩壊したのか

その次には、なぜそういう崩壊現象、「第三の崩壊現象」というものが起こってきたのだろうか、ということをそれぞれの状況に結びつけて、できるだけ具体的にとらえてみるということをやるべきだろうと思います。一般論としていえることは、どんな制度、どんな仕組みであろうと、それが一番初めにできた時には前向きの制度であった、ということはまちがいのないことだろうと思います。しかし制度というものは、それがそのまま続けられていくと、必ず形だけ残って、中の精神、中の趣旨というものがどこかに消えてしまう。そういう性質を持っている。それがだんだんと極まっていくと、かつては積極的な前向きな制度であったものが、だんだんと後向きの制度、あるいは欠点を表す制度に変わってしまう。いままで崩壊現象としてとらえたさまざまな事柄に、この点がじつは共通している

一般論としていえば
「崩壊現象」の共通原因は
「制度疲労」あるいは「制度の形骸化」.

のではないかと思われます。

日本の国というのは明治維新の後に、とにかく一生懸命に経済を発展させなければいけないとがんばってきました。その結果、できあがった日本の経済制度というのは、一応、「規格」としてはいわゆる「資本主義のシステム」、「資本主義の経済」と呼ばれる部類のものになっています。しかしそれをよくよく分析してみますと、必ずしもスタンダードな資本主義の経済ではないのではないか、ということになります。それは明治以降、明治政府が主導する形でとにかく経済を発展させ、工業を伸ばそうと、「殖産興業」というスローガンを掲げてひた走ってきました。そういう特別な環境のなかで日本の資本主義というものが形成されてきたということが背景にあります。

そうしますと、どういう体質を持った資本主義が生まれてくるのだろうか、ということになりますが、私があえて誤解を恐れないで、「日本の資本主義経済というのはこういう特徴がある」ということを言おうとすると、「共産主義的な資本主義」と言えるのではないかと思っています。「共産主義的資本主義」などといいますと、「なんだそれは?!」と思われるかもしれません。つまり、普通の言葉づかいで考えると、「共産主義」と「資本主義」というのは相入れない概念です。それをいっしょにくっつけてしまって、共産主義的資本主義というのは、「おまえは何のことを言っているんだ。全然わからない」という反応がまずでてきそうです。それはもう百も承知でわざとそういう言葉を私は使うことにしているの

日本の資本主義は
スタンダードなタイプではない.
日本の資本主義は「共産主義的資本主義」.

ですが、誤解を解くために、まず言葉の正確な意味合いを確認しなければいけないと思います。

私が共産主義という言葉であえて表そうとしているのは、世間一般の理解している共産主義とはかなり違う意味合いをこめています。どういうことかというと、普通、まず共産主義のイメージとして普通の人の頭に浮かぶのは、例えば崩壊してしまったソ連邦、あるいはいまいろいろ問題になっている北朝鮮も共産主義の体制、あるいは中国本土も共産党の政権が支配した共産主義の国であるということになっています。ああいうものが共産主義なんだと考えますと、私のいう共産主義的資本主義というのは、ずいぶん誤解されてしまっていることになります。それで、おまえの共産主義とは何なのかといわれますと、私は、本当の共産主義というのは「家族の状態」と考えています。家族というものがどういう原理で結ばれているのか、ということを私は非常に重視してきました。ご承知のように、家族というのは俗な言葉でいえば、金銭的な損得というものを脇において、まったく別の関係で結ばれている、親子、夫婦という家族の関係。そこではできるだけ得をしようとか、できるだけ楽をしよう、という自己中心的な考え方は働かない。まったく働かないということではないでしょうが、一般的なあり方として、自己中心的な、例えば親が子供を利用して楽をしようとか、旦那さんが奥さんに一生懸命稼がせて自分は遊ぼうとか、そういう人も中にはいるかもしれませんが、そういうのは一般的ではない。つまり逆であって、例

「共産主義」の本当の意味は「家族の原理」.
「家族の原理」と「他人の原理」とは正反対.

えば親は子供のために一生懸命働いて、子供のために一生懸命お金を作る。得をしようというのはちょうど逆の原理です。家族のために自分は犠牲になろう、オーバーにいえばそういうことです。それが家族の結びつきの原点だろうと思います。これはいまわれわれの社会で重要なルールになっている「資本主義の原理」、つまり「できるだけ得をしよう」、「できるだけ儲けてやろう」という、金銭的あるいは効率を第一に考える、あの生活のルールとは一八〇度対立するのです。私は、いまどこの国でも見られる家族を結びつけているこの原理、この行動様式、これこそが本来の共産主義のあり方だと考えています。ただ、繰り返しますが、非常に誤解されやすいので、私は十分説明をしなければいけないだろうと思って、いま説明をしています。

こんなふうに、「家族の原理」というものを、これが本当の正しい共産主義のあり方だと考えると、現実にわれわれが見た、あるいは知っている共産主義というのはまちがっているのではないか、ということになります。つまり、なぜまちがっているのか。家族の原理であるべきものを、あまりにも適用範囲を広げすぎているのではないか。一つの共産主義社会と呼ばれる集団の中には、じつは「他人」の人間関係がたくさん存在しています。家族を結びつける原理と、他人同士が結びつく原理というのは、まったく別で、正反対です。「家族の原理」と「他人の原理」。他人の原理というのは早い話が「資本主義の原理」です。できるだけ相手を利用して自分が得をすればいい、儲ければいいという考え方になります。

現実の「共産主義」はなぜ失敗したのか

そこで現実の共産主義なるものがなぜうまくいかなかったのか。ソ連がなぜ崩壊したのか。東ドイツがなぜ行き詰まってしまったか。中国がなぜ無理をして市場経済という、本来あってはならないものを導入しなければいけなかったのか。すべて理由はつながっているのです。共産主義のルールが本来、働きえない環境に共産主義の状態をつくろうとしたからです。つまり、明らかに他人の集まりの中に家族の原理である共産主義を植えつけようとした。それは確かに、もしできれば極めて理想の社会ができるだろう。しかし残念ながら、現実にはそれはどこにもできなかった。

なぜできなかったのか。人間はそれほど理想の状態にまだ到達していない。まだまだ未熟である。それを前提にして考えると、結局は他人の集団の中では他人の原理が働きだしてしまう。したがってソビエトがどうなったかというと、割り当てられた品物の品数だけそろえればよろしい。その品物がどんなに粗悪品であろうと一切関係ない。そういう形だけクリアして、精神を完全に捨ててしまった。まったくの偽《エセ》共産主義の状態がじつは横行してしまった。それは東ドイツもそうです、中国もそうです。そこでどうしようか。結局、中国が導入したように、資本主義の原理を導入すれば、その他人同士の関係をじつはうまく制御できるのです。資本主義の原理というのは、要するにエサで釣るということです。こういうふうにすればおまえは儲かるよ、得をするよ。それで釣って、一生懸命行動させる、貢献させるということです。理想の精神主義というのは明らかに他人の間には通用し

明治以降，日本が築いてきた日本式資本主義は
「他人の原理」が完全には働かない．

ない。本来の家族の間は立派な精神がそのまま日常的に生きるのです。けれどもそれはきわめて狭い人間集団の中で可能なだけであって、人間というのは結局まだそれほどにしか進化していないということだろうと思います。

そういうふうに考えますと、共産主義というものは、文字通りには家族の集団のあり方、そこを律している原理、これが共産主義だということになる。そういう共産主義の正しい理解、その正しい理解をふまえますと、日本が明治以降、一生懸命、経済を築いてきた、発展させてきた、その日本式の資本主義というのは、まさに「共産主義的資本主義」という表現をつけていい特徴をもっているということになります。つまり、資本主義という枠組はちゃんと備えている。しかしそこではけっして他人と他人の関係、他人と他人が対立する形で、相手を利用しよう、相手をだましてやろう、自分だけ得をすればそれでいい、という「他人の原理」が一〇〇パーセント通用しない。まったくの家族ではないかもしれないけれども、家族の状態に非常に近い枠組みというのがあって、そのなかで資本主義のルールがじつは行われている。こういう特別な枠組みを持った資本主義のルールというのは、じつは世界でも珍しいのです。日本と歴史や社会のあり方、あるいは文化が比較的よく似ている韓国の資本主義を観察しますと、日本の資本主義の特徴があるといえるかもしれません。このあたりは正確に比較研究をする必要があると思いますが、状況的には共通の資本主義の類型というものが出てくる可能性が非常に強いということになります。そう

「共産主義的資本主義」は「アジア型資本主義」

いう意味では、「共産主義的資本主義」というのは、別名「アジア型資本主義」といえるだろうと思います。

それでは共産主義的資本主義あるいはアジア型資本主義の特徴は何かといいますと、「徹底的な競争はしない、徹底的な対立はしない」ということがその特徴になります。例えば、工事の注文を取る場合にしばしば「談合」が行われるという問題が発生しています。談合というのは何だろうか。競争するのを避けて、「あらかじめ利害の対立を調整してすませましょう」というのが談合の役割です。例えば形の上では、どの企業がその工事を受注するかというのは、まったく競争で決まることになっている。いくらで引き受けますという受注金額を出し合うわけです。制度としては一定の基準をクリアした上で、一番安くその工事をやってくれる企業にやらせましょうということになっています。ところが実際は、入札をする前に関係する企業がひそかに集まって、「いくらぐらいにしよう。そして去年はあなたのところが注文を受けたから、今年は私のところにやらせてください」というような相談をして、順々に注文が確実に取れるようにという調整をやっているのです。こういう談合という特殊な行動様式を日本の資本主義というのは、きわめて自然な行動として取り入れているのです。ずっと遡っていくと、こういう体質というのは江戸時代から流れてきているのはまちがいありません。それはアメリカとかヨーロッパの人たちの常識からするととんでもない。与えられた、期待された立場を踏みにじっているということになります。

「談合」は以心伝心の文化.
日本の資本主義にとっては自然な行動.
アメリカの物差しが「世界の標準」.

お互いに厳正にコストをはじいて、競争で注文を取りましょうというルールがあるのです。形の上では確かにそうやっています。ところが中身はまったくそうやってない。

こんなふうに、定められた形式としての制度と、実際に行われる行動が完全に分離している。これは欧米流の文化からはとても理解できない。「言葉を交わさなくても相手の気持ちが読めてしまう」というような精神文化をわれわれ日本人は築いてきた。しかし欧米の人たちは言葉を発しなければ相手が何を考えているのか、ほとんどわからない。意思疎通をやるのに言葉なしではできないという環境を持っているのです。ですから欧米人にとっては、制度というのは、中身もそのまま実行されなければ困るのです。着ている着物とその中身が完全に違うというのは許されない。そういう文化を持っているのです。それも文化です。日本の談合もじつは文化です。そんなふうに文化論で擁護してしまうと、アメリカがいきり立つことになりますけれども、しかしそういうレベルの問題ではなくて、これは明らかに立派な文化です。

そういう文化の風土のなかで日本は独自の資本主義を百数十年かけて築きあげてきた。ただ、それは欧米とくにアメリカの資本主義のスタンダードという物差しに照らしますと、全然測れない。アメリカの物差しに限りなく近い「世界の標準」からは、かけ離れてしまっているという状況です。そしていま、日本の経済が崩壊しつつあるということは、まさにこの「独自の資本主義」が「外の物差し」をあてられて、もう通用しなくなってしまった。

これまでの日本の資本主義のルールと欧米の資本主義のルールとが衝突しなかったのは，日本の「目に見えない鎖国」のため．

日本流に考えたら自分の物差しが正しい、自分の資本主義が正しい、談合は正しい、当たり前、そういう測り方をする。しかし周りを取り巻く欧米は、まったく別の物差しを持っている。どちらが強いのかという問題です。あるいは多数決の問題でもある。結局、日本は少数派であるし、力としても弱いということで、それが衝突をした場合には、なかなか勝ち目がないということになります。

じゃあ、なぜずっと衝突をしなかったのか。欧米の資本主義というスタンダードが日本の共産主義的資本主義ともっともっと前にぶつかり合わなかったのだろうか、そういう疑問がでてくるだろうと思います。それは日本の一種の「鎖国状態」というものが続いてきたと考えられます。鎖国というと、言葉が非常に大げさで、批判が出てくるかも知れません。しかし事態の特徴をちゃんと理解していただくためには、極端な表現をした方がいい場合があります。鎖国というのは一応、江戸時代の末期で終わった。それが普通の理解です。しかしじつは「目に見えない鎖国」というものが、その後、百年以上続いてきている。いまでもそうである。したがって、日本の国内と国外を切り離している壁がある以上、そこで日本の資本主義と欧米流の資本主義というものが衝突する機会はなかなかなかったのです。そこのところでお互いに直接ぶつからないようになっていたのです。そういう状態がじつは戦後もずっと続いてきたのです。しかし日本はそういう鎖国を続けてきたけれども、それこそ制度疲労ということがでてきて、結局、鎖国をだんだんとやめなければいけ

近代史における第一の変革から「明治体制」が生まれた。

ない。「見えない壁」を取り払わなければいけないということになってきたのです。それは日本の企業、経済の競争力が落ちてしまっている、なんとか改革をしないともうだめだという必要もあった。それとアメリカやヨーロッパの国々が、「日本の国の中でもっとわれわれに自由に商売をさせろ。日本は結局、国を閉ざしているではないか」といつも注文をつけてきていました。「もっと自由に出入りをさせろ。」それにはその見えない塀をどんどん取り払っていく必要がある。その一つが「談合」に対する批判です。日本流の行動様式からしたら、談合というのは一種の生活の知恵である、という評価をすることができます。しかし欧米流の評価からすると、それはとんでもない、アンフェアであるということになっています。そんなことで、日本の独自の資本主義、「共産主義的資本主義」というものがもうこれ以上持ちこたえられなくなっているという状況が、いまわれわれの目の前で起こっているのです。

現在の日本経済が直面している非常に困難な状況というものを、歴史の流れのなかに位置づけると、けっして特別のものではないのではないか、という気がします。つまり近代の出発点である明治においても、じつは同じような困難と変革というものを経験しています。それまでの幕藩体制いうものが行き詰まって崩れていくという状況のなかで、そこから新しい体制を生み出す動きがでてきています。これは日本の近代史における第一の変革ととらえていいと思います。変革、あるいは英語でしばしば使われる言葉でいえば、リ

「第二のリシャッフル」から「戦後の体制」が生まれた

シャッフルという言葉があてはまるのではないか。リシャッフルというのは、トランプのゲームでもう一回ゲームを開始するのにトランプをごちゃごちゃと混ぜてよく切ることをリシャッフルといいますが、新しい体制をつくる一種の準備作業という意味を持っていまして、明治のリシャッフルというのが近代の日本を生み出したと考えていいと思います。それで生まれた、「明治体制」というべきものが第二次世界大戦が終わるまでずっと続いてくる。明治に生まれた新体制というのは、その時の日本の環境にもっとも適合的な、もっとも役に立つ、前向きの制度であったということは言えます。ただ、それが何一〇年も同じ枠組で維持されつづけた結果、だんだんと周りの変化した環境に適合する能力を失っていくことになって、結局、トラブルが起こり、戦争に至り、敗戦という形になります。これが第二の崩壊であり、「第二のリシャッフル」と考えていいだろうと思います。

で、戦後の体制というものがそこで誕生します。「戦後の体制」というのは、まさにわれわれ世代がその中で日常的に生きてきた、もっとも身近な体制である。この日本の戦後体制が、いままさにリシャッフルにさらされているという状況にある、というのが歴史の流れのなかでとらえた現在の状況ということになります。

それでもう少しその中に立ち入って、なぜそうなってしまったのだろうか、ということを考えてみなければいけないだろうと話をしはじめました。一般的なとらえ方としては、結局、なぜリシャッフルなのかということが、この場合もあてはまるだろうと思います。

日本はいま「国際化」の大波の中にいる.

つまり新体制というのは、それが生まれた時には前向きで非常に役に立つ制度、体制でした。しかし、だんだんとそれがマイナスの意味を持ちはじめます。もっと変化をしなければいけない、もっと進みたいという時に、それが足かせになって進めなくなってしまう。そこにさまざまな問題が起こる、トラブルも起こる、という状況が共通の事柄としてでてくる。結局、いまわれわれはどこに進もうとしているのか、あるいはどういう方向に向かわざるをえないのか、ということを考えてみますと、「国際化」という言葉が象徴的に示しているように、日本の国をできるだけオープンにせざるをえません。これはすべきだとか、した方がいいというレベルの問題ではなくなってしまって、そうせざるをえない。非常に大きな世界の動きのなかで、どうしようもなくそちらのうねりが日本を包んでいるという状況だろうと思います。ですから、好むと好まざるとにかかわらず、日本という国の周りに張りめぐらされていた、さまざまな塀なり砦なりをとにかく取り払わなければいけないということになります。

そうした時に、それまで日本の経済や社会のなかで通用してきたさまざまな制度、あるいは行動をするためのルールや掟、決まりというものが、周りの塀を取り払えば取り払うほど、そのままでは通用しなくなってしまっているのです。したがって、どちらを修正しなければいけないのかというと、結局、「世界のルール」に「日本のルール」を近づけていくしかもう方法がないということになります。国際化という言葉のなかにこめられた非常

「世界のルール」に
「日本のルール」を近づけるしかない.

に重要な意味合いというのは、そういうことだろうと思います。世界のルールと日本のルールということをいいましたけれども、世界のルールというのは一体何だろうか。極端な言い方をすると、世界のルールというルールはないのではないか、ということです。つまりあるルールが存在するということは、それが一つのちゃんとした集団なり組織になっていて、そこでお互いに合意をして一つの決まりをつくる。これが本来のルールだろうと思います。ところが、いわゆる世界というのは一つのまとまった集団という形をとってこなかったし、非常にとりにくいという特質を持っているのです。これは歴史を遡っていけばいくほど、そういうまとまりのなさが強く出てきます。

ただ、だんだん近現代に近づきますと、世界というものの中にさまざまな組織、集団が意図的に形成されるようになりました。例えば、「国連」という組織が存在します。これはあまりにもまとまりのない世界の状況に対して、これはよくないということで、多くの国が集まって、共通の決まりをつくる方がよろしい、ということで生まれました。さまざまな生臭い経緯があるにしても、流れとしてはそういうふうに理解することができます。ただ、やはり国連という組織は、いわゆる世界の一つ一つの単位である国とは違います。国家とは違います。あくまでも国家がより集まった、非常にゆるいつながりにすぎないということで、ですからいまでも世界で、どういう行動原理が働くのかという基本的な性質は同じだろうと思います。

「ルールなき世界のルール」は生存競争の原理——弱肉強食の原理.

その場合に、やはりあくまでも「ルール」というつかまえ方をした方が理解しやすいので、あえて「世界のルール」ということをいっているのですが、いってみれば、何もルールがつくれない世界で一体どういうルールが働くのか。そういう「ルールのできない世界のルール」は一体何かということです。そうしますと、結局、これはもう動物や植物の世界と同じルールしか働かない。つまり「弱肉強食、あるいは競争の原理」、あるいは「生存競争の原理」ということが特徴としてでてきます。それはどうみても日本の国内で歴史的にはぐくまれてきた、いわゆる「日本のルール」に比べたらきびしいルールになっているということです。そんなふうに、世界の行動原理というものが、もう自然の世界にそのまま流れているようなきびしい生存競争の原理だということで、日本の国を開けば開くほどその行動原理が日本に押し寄せてくる。押し寄せてくるから、それまでの日本のルール、行動原理だけを守っていたのでは、けっして生活できなくなってしまう、という状況にいま直面していると思います。

その日本のルールの特徴とは一体何だろうか、そして長い間守られてきた日本のルールが、なぜいま障害になっているのか、ということです。ちゃんと見つめなおさなければいけないだろうと思います。日本のルールというのは競争をできるだけ排除しようという合意が伝統的に働いています。それが「共産主義的」という言葉を私に使わせた背景にもなっているのですけれども、お互いに助け合って生活できるようにするという、組織の目的と

「日本のルール」は「共同体のルール」,
競争回避のルール.

いうのが厳然とあって、そのためには脱落者をださないという重要な決まりがある、ということになります。これはいってみれば、一つのまとまった集団がその共同体を維持していくための「内部のルール」という性格を持っていたと思います。日本で「共同体のルール」というものがとくに強く維持され、発達してきたということの一つの重要な背景は、日本の伝統的な生活の手段である農業です。農業によって人々はずっと生活を維持してきたというのが、古い時代の特徴ですけれども、とくに日本の場合には、農業のやり方が「灌漑農業」、「灌漑による稲作」という特徴をもっていました。同じ農業であっても、ヨーロッパで伝統的に行われてきた農業は、米作りではなく、麦を作るという農業です。しかもこの麦作りというのは、灌漑というやり方を一切必要としない。

灌漑農業であるのかないのかということの違いというのは、じつは非常に大きいのです。灌漑農業の重要な点というのは、「水を確保する」、いわゆる「灌漑施設」というものを維持するために共同体、具体的にいえばムラや集落のようなもの、これが完全に協同してやらないと灌漑施設が絶対に維持できないところにあります。したがって、そこで非常に強い「利害集団」、「運命共同体」が誕生してきます。そこでは全員が一つの目的のために一〇〇パーセント貢献する、働くということがどうしても必要です。したがって、もし「米作り農業」をやっている場合に、ある人が、「おれは協力しない。自分の田んぼに水を引くのに決められたやり方、決められた時期を守らない。種を蒔くのも自分の好きにやる」と

「日本のルール」の原点は灌漑農業——米作り農業.

いうことをやったらどうなるか。その人が自分で責任をとるだけではすまされない。他の人がみんな影響を受けてしまう。したがって、日本の伝統的な灌漑米作りというものが維持されるためには、ムラがきっちりとしたまとまりを持って生きてこざるをえなかった。もしもそこである人がムラの決まりに反して何か異常な行動をする場合には、結局その共同体からはじき出すという形で共同体の体質を維持してきたのです。これが結局、「村八分の論理」ということになります。いま流にいえば村八分というのはとんでもない、悪いことだということになりますけれども、なぜ村八分が行われるのかというそもそもの原点を考えると、それはまさに生きるか死ぬかというところから出発しています。米を作るのに、ムラの決まりに従わない人をいっしょにしていたら全員が死んでしまう、というきびしい状況がかつてあったということです。

そんなことで、日本の伝統的な社会というのは米作り、しかも灌漑の制度というところに深く根ざしていると考えられます。一つの生活集団、ムラというもの、あるいは一つの集落というものに席を置くための決まり、「内部のルール」というものが厳然として存在します。そしてそこに入れてもらうためにはそのルールに一〇〇パーセント従うことを誓わなければいけない。「このルールをこの人が守ってくれるかどうか」ということが確認されるまでは、なかなか中に入れてくれないという日本の体質、社会の体質というものが出てきたのです。じつはこれが現在に至るまで日本の社会全般の非常に大きな特徴になってい

ルールを守るということが確認されるまでは
中に入れてくれない日本の社会.

ます。いろいろな組織が世の中にあります。どの組織でもそこに入ろうとすると、日本の場合は非常にチェックがきびしいということは、皆さんの周りの経験を思い出していただければすぐわかるだろうと思います。例えば大学に入る。きびしい入学試験が待っている。その入学試験を突破して中に入ると、やはりきびしいのかというと、全然きびしくないという状況はよく知られていることです。しかし、これはけっして大学だけの特徴ではなくて、もう日本の社会の中に形成されているあらゆる集団・共同体に共通のことです。ですから、日本人の特徴は「なかなか心を許さない」という形になって現れています。それは、「この人が仲間としてちゃんとうまくやれるのかどうか」ということをチェックしないと、「うかつに入れたら大変だ。ムラが壊れてしまう。米ができなくなってしまう」、そういうことが体質的に染みついてしまっているということになります。

これに対して麦を作る農業を伝統的に守り、そして麦の他に牧畜もやって、非灌漑農業と牧畜という生活の手段を維持してきたヨーロッパは、組織というものに対するとらえ方が全然違います。非常に開放的です。なぜ開放的なのかというと、開放的にせざるをえない。とくに牧畜はそうです。だれが入ってくるかわからない。入ってくるのを防ぐ手だてもないし、また入ってきても実害はない。とんでもない人が入ってきても、生きるか死ぬかの影響はない。したがって、まったく組織と関係ない人に対する反応、対応というのは、非常におだやか、あるいはフレンドリーに受け入れてくれるということになります。だか

灌漑施設を必要としないヨーロッパの農業・牧畜は開放的組織で充分.

らけっして、日本人が見ず知らずの人に冷淡で、ヨーロッパの人が見ず知らずの人に親切だという印象だけの問題ではないのです。長い年月のそれぞれの生活に根ざす違いが、そういう形で現れていることになるだろうと思います。

いずれにしても、見るかぎりで日本の明らかに「閉ざされた生活」といいますか、「集団の閉鎖的な性格」というものは非常に強く残っています。「明治の体制」もこの日本的な集団の特徴によってうまく守られ、伸びてきたといっていいだろうと思います。「事実上の鎖国」を続けることによって、日本の国に入れていいものは入れる、しかし入れていけないものは入れない、というチェックが確実にできます。例えば、明治政府は欧米の新しい技術はどんどん導入する、制度もどんどん導入するということをやりました。しかし、日本がこれから工業を興して工業製品を本格的に作っていこうというその製品についてはできるかぎり欧米のものを日本に入れないようにする。これは非常に重要な政策です。一般に「保護主義政策」と呼ばれて、発展途上国では多かれ少なかれ自国産業を保護・発展させるために、外国から買わない、入れないという政策をとっています。

日本の場合は、まさにそういう保護主義の政策が非常にうまく行われるという風土が伝統的にあります。社会そのものが初めから塀をめぐらせて、チェック体制を持っている。ですから法律を作る必要がない。もう人々の心の中にちゃんと塀があるということで、決まりをつくって与えなければそういうことが実行できないということはありません。しか

「明治体制」は「事実上の鎖国保護主義政策」. 日本には「見えない塀」がある——「非関税障壁」.

しいま、それがまさに「世界のルール」と衝突しているのです。日本は制度や法律として、外に向かって塀を作っていない。何の塀もない。しかしアメリカから見ると日本は入りにくい、入れない。法律のどこにそういうことが書いてあるか。例えばアメリカの企業が日本でこういうことをやってはいけない、というようなことはどこにも書いてない。なぜ日本でビジネスができないのか。事実としてやってもうまくいかない。なぜだろうか。法律や決まりがあるわけではないのに、日本の企業、日本の人たちはアメリカの企業を相手にしない。何か頼むにしてもアメリカの企業には頼まない。そこからは物を買わないということが、あちらでもこちらでも起こってしまう。

そうすると、結局、制度・法律としては何の障害もないのに、じつは「見えない障壁」があるということになります。根源的にはやはり人々の考え方のなかに、心のなかにある障壁です。それがこのまま維持されると一体どういうことになるのか、という問題がいままさにクローズアップされているということになります。見えない障壁のさまざまな側面というものがあって、「日本の民主主義あるいは平等の原理」というものが、「欧米の民主主義あるいは平等の原理」というものと非常に違っているという問題があります。「日本人の平等観」、こういうことが平等だと考える状態と、欧米の人たちが平等というのはこういう状態だと考える状態とは非常に違います。全部違うということはありませんけれども、例えばアメリカ人のいう平等というのは、だれでもがそれをするチャンスを持っている。

日本人の平等観と欧米人の平等観とはどうちがうのか．欧米流の平等とはチャンスの平等・競争の平等——誰でもチャレンジできること．

そういう何かをするチャンス、機会というものが平等でなければ、それは平等とはいえない。例えば、大学に入学する場合に、入学できるチャンス、これは保証されています。極端な言い方をすると、アメリカの大学は「入りたいものはみんな入っていいですよ」と、入口でのチェックが日本とは比べものにならないほどゆるい。しかし、入った後のチェックというものがじつはちゃんとセットになっている。大学にはみんな平等に入る機会がある。その後のチェックも平等である。どれだけ勉強したのかということでチェックをされる。つまり機会の平等ということは、その機会を与えておいてチャレンジさせる。「あなたはどこまでやれるんですか」ということを平等にする。したがって、そこで当然より一生懸命やってどんどん前に進む人、あるいは立派な業績を上げる人と、そうではなくて遅れてしまう人、さまざまにでてきます。まさにそれが世界のルールです。競争原理です。それがじつは欧米で考えられている平等ということです。「競争原理を前提にした平等のとらえ方」、これがはっきりと欧米の伝統としてあります。これはじつは世界のルールでもあります。

ところが、日本の場合は平等に対してどういうとらえ方をするのか。例えば小学校で百メートル競走をやろうと、走らせますと、必ず一、二、三、四と順番ができます。そうすると、競争をやらせて一、二、三、四という序列を設けるのはよくないということになって、だんだん一、二、三という序列のつく走らせ方をしなくなってしまうという傾向が続

日本流の平等とは
勝つ人も負ける人も出ない
横並び式平等

いてきました。とくに小学校などでは一、二、三と作って賞品をやるのをだんだんやらなくなってしまった。つまり競争の結果、勝つ人と負ける人がでてくるということは、日本の平等観というものからすると、よくないということになります。日本の平等観というのは、一つの共同体の中で競争が起きないように、みんなが「平らな状態」を維持するようにするというのが平等である、というとらえ方をしてきています。同じ平等という言葉で表されながら、その実際に意味するところはずいぶん違っています。ですから、平等と不可分の民主主義という制度に対する受けとめ方も、やはり日本と欧米とで違ってくるのです。

日本の民主主義というのは、戦後、新体制のなかで、いってみればアメリカから導入されたという歴史があります。なぜアメリカは日本に民主主義を導入したのだろうか。日本が戦前、維持してきた体制というのは、リーダーに対するチェック機能がほとんど働かなかった。だから戦争にのめりこむということを阻止できなかった。国民のリーダーに対するチェック機能というものが欠けていたから、というのがアメリカの判断です。チェック機能をつくりあげるのにはどうすればいいか。結局、欧米で定着していた民主主義というものを日本にも植えつければいいのではないか、ということで徹底的に民主主義の教育が行われたということになります。日本の戦後の新しい「義務教育」というのは、「権利の教育」という性格を強く持つようになりました。つまり、日本に民主主義を植えつけるためには、国民というのはどういう権利を持つのか、ということを前面にだす必要がありました。

戦後日本の「義務教育」は「権利の教育」。
戦前の「義務教育」は「義務の教育」。

これは戦前の教育の裏返しであって、ある意味では当然ということになります。戦前の日本の国民教育、義務教育というのは、まさに「義務の教育」であった。国民というのはどういうことをする義務があるか、「教育勅語」というのは、そういうことを高らかにうたったものです。つまり、明治政府は日本の国を伸ばし、先進国に追いつくためには、国民にまとまって一つの方向に動いてもらうしかない。そのためには一つの義務として何をすべきかという方向を定めるしかない、そういう必要があったのです。戦前の義務教育は義務の教育です。それが戦後一転して、民主主義の導入ということになります。日本に民主主義を導入するためには何が欠けていたのか、何を補えばいいのか、という問題です。日本にあるものは補う必要はない。何があったか。「義務の教育」はたっぷりありました。ありすぎるほどありました。だからそこのところはもういい。何が欠けていたか。「権利の教育」がまったく行われていなかった。民主主義というものを日本に育てるためには、権利の教育というものを集中的にやるということが重要な事柄でした。したがって、言葉遊びのようになりますけれども、日本の義務教育というのは、じつは権利の教育という形をとっているのです。

その結果、どういうことが起こったか。日本に「権利の意識」が確実に浸透しはじめる。これは義務教育の大きな成果です。それはそれで大成功です。いままで欠けていた権利意識が広まったのですから。しかし気がついてみたら、ちょっとバランスが欠けてしまった

民主主義の要諦は「義務」と「権利」のバランス.
「義務」を前提にした「権利」.
文部省の「教育改革」は
国民の「権利行使義務不履行」状態を
是正できなかった.

のではないか、というのが戦後ある時期からでてきた様相になります。つまり、民主主義というものをちゃんと営んでいくためには、「国民の義務と権利」がうまくバランスをとって動いていく必要があります。当たり前のことでしょうけれども、権利だけが存在するということはないのです。そんな調子のいい話はない。必ずまず義務がある。義務を果たすということを大前提にして権利というものが発生します。これが民主主義の大原則であるはずです。ところが日本はその義務と権利の結びつき、「義務と権利のバランス」という点で非常にいびつな状況を生み出してきました。

しかしある時期において「権利の教育一辺倒」をやめて、「権利と義務のバランス」を考えた教育というものに変革をしなければいけなかったはずです。私は教育制度を担当する文部省がちゃんとやらなかったのだと思います。私自身が教育の仕事の一端を担っていて、現場でその問題を痛切に感じつづけてきました。日本の教育制度は崩壊しています。いろいろな崩壊現象を指摘してきましたけれども、じつは教育も崩壊しています。「学級崩壊」という言葉が広がってきています。テレビの画面で見るかぎり、信じられないような教育の現場が小学校に存在しているということです。何が悪いのか。私は教育という枠組をもう少し早い時期に軌道修正しなかったということだろうと思います。それは文部省だけの責任ではないかもしれません。むしろ、教育の原点としての「家庭教育」の不在、日本の国民全体の責任であるという受けとめ方をすべきかもしれませんが、しかし教育行政で決

日本経済の行き詰まりの直接の原因は「高費用経済」，つまり「高人件費経済」．最初の「高人件費」対策は「工場の地方移転」．

定的に影響力を持ち、実際にさまざまな「教育改革」と称するものを進めてきたのは、当の文部省です。その教育改革の舵取りが非常にいいかげんでした。私はいまでもいいかげんだと思っていますが、できるだけ早い機会にもっと根本的な新しい教育の枠組を生み出すしかないと考えている一人であります。

いろいろお話をしてきましたけれども、日本の経済が現実に行き詰まってしまったということの直接の原因を分析しますと、日本の経済活動が「費用がかかりすぎる状態」になってしまった、ということです。費用のかかりすぎる経済、「高費用経済」というのがいまの日本経済の体質です。そして「高費用」の最大の要因は「人件費」なのです。

日本の国内でカラーテレビを作ったとします。そうするといくらコストがかかるか。これを計算します。そしてそのコストでカラーテレビを日本の国内で売ったり、あるいはアメリカに輸出する場合にいくらで輸出できるかという計算を企業ではやります。かつては日本でカラーテレビを作っても、日本で確実に売れた。アメリカに輸出してもアメリカ人が争うようにして買ってくれた。何の問題もなかった。ところがある時、気がついてみたら、そんな高いものは買わないという反応が外国から上がりはじめた。まだ日本の国内は市場が守られている状態がありますから、そんなに深刻ではなかったのです。しかし、輸出に関しては「世界のルール」が働きます。

そうしますと、同じような品質であれば安い方が確実に売れます。それが世界のルール

次の「高人件費」対策は「工場の海外移転」.

です。日本で作った日本のカラーテレビは高すぎて売れない、輸出ができない。どうするか。まず日本の企業がやったのは、できるだけ日本の国内でカラーテレビを安くする工夫をしました。どういう工夫をしたか。東京近辺で工場を造ってやっていると高くてしょうがない。もっとずっと田舎に持っていって、東北とか九州とかに工場を造って、ここでカラーテレビを作ればまだまだ安くできるというので、工場を日本の中心地からできるだけ離したところに建設する、という動きがいろいろな企業の間で広がりました。これ自体はけっして悪いことではありません。日本の経済構造というのは、東京を中心に一極集中していています。狭い日本がよけい東京のあたりで過密になって、効率が悪いということがありましたから、全体にそれを分散させればこんなにいいことはない。工場の地方移転というのは、そういう目でとらえると非常に好ましいことでした。

ところが、それで輸出を続けたら、それでも高いということになった。「どこへ行こうか。もう日本から出るしかないじゃないか」ということになって、アジアのさまざまな国に日本の企業が自分の工場を移転させはじめた。「工場の海外移転」です。それを受け入れる形でアジアの国々は、どこでも大きな工業団地を造ってきています。そして非常に有利な条件で日本の工場を誘致するということをやっています。その前の時期は、日本の地方の各地で工業団地というのを造っていました。そして首都圏・大都市圏にある工場を地方に誘致するということで自治体が先を争って工業団地を開発しました。しかしそんなこと

「高費用経済」は高度成長の「落とし子」.
高度成長期の賃金と雇用の制度を
低成長期になっても続けた.

をしている間に、日本のどこに工業団地を造ってもコストが高くついてだめだという状態になってしまいました。したがっていまは、せっかく造った工業団地に閑古鳥が鳴く。だれも来てくれない。借り入れた負債だけがどんどん残って、自治体の財政を圧迫しているという例はめずらしくないのです。財政が崩壊しているということの一つは、地方でそういうむだな資金を、しかも借金という形でつぎ込んでしまったということがふくまれています。

そんなことで、日本のなかで物を作るということは、とにかく「国際競争力」を失ってしまう、ということが非常にはっきりとでてきてしまったのです。この現象が出はじめるのは、日本の高度成長が一段落して、オイルショックを経て低成長の時期に入る、そのころです。なぜそのころから費用のかかりすぎる日本経済という体質が出てきてしまったのだろうか、というと結局、高度成長経済の副作用というか、「落とし子」です。高度成長期の日本経済というのは、人間にたとえれば、どんどん発育していく少年のような時期だったのです。どんどん食べてどんどん大きくなる。ところがその子供が大人になって成長をやめる。成長をやめた後も、例えば子供の時と同じような食生活を続けると、必ず何か障害がでるだろうと思います。つまり日本の経済もものすごく発育した、伸びざかりの時の生活をそのまま引きずってしまったのです。そしていろいろな障害が日本の経済社会に発生しはじめたのです。

高度成長期には
「定期昇給」と「賃上げ」は当たり前.

もっと別の表現をすると、高度成長期の経済にそういう体質なり枠組みというものができあがったのです。しかしオイルショック後、高度成長の状態を維持できなくなった。ですから、低成長の状況に合った生活の仕方、生活の枠組み、これに転換すべきだったのです。生活全般を柔軟に変化させるべきだったのだろうと思います。ところが、そんなことはなかなか簡単にはいかないことです。理屈としては、あるいは後で振り返れば言えるけれども、当時は全然問題にならない。もっとも転換がむずかしかったのは賃金でした。雇用の制度でした。人を雇う。そして賃金を払う。これは雇用の制度です。この雇用の制度というものが高度成長期に合った体制を作ってきたのです。どういう体制か。経済がどんどん発育するのですから、いくらでも食べられる、いくらでも雇える。食べ物もいくらでもある。簡単に人を増やせます。そしてその人を養っていけます。食べ物はどんどん出てくるのですから。つまり、労働者を気軽に雇える、増やせる。そして賃金も気前よく、はい、どうぞという具合に上げてこられたのです。

したがって、毎年毎年、賃金が上がるのは当たり前という習慣が日本中に定着しました。年功序列で「定期昇給」は当たり前。「定期昇給プラス賃上げ」という、これが春の年中行事になったのです。いわゆる「春闘」と呼ばれる行事です。それしか知らないと、それは当たり前です。毎年毎年そういうことをやって、賃金が上がっていく、当たり前だと。しかしそれは日本でつくったルールであって、世界のルールにはまったくそんなものはない

高度成長の生活リズムは企業から公務員の世界へも波及した.

のです。日本のルールをつくって、それをずっと守ってきたのです。しかし高度成長は終わってしまった。けれども生活の仕方、生活のリズムは高度成長の時のリズムを続けてきた。人も簡単に雇いますよ、賃金も気前よく出しますよ、これをやりはじめたのは企業です。一番金を稼いでいるのは企業ですから。

ところが人を雇うこと自体は企業だけがやっているのではありません。地方自治体や国家もやっています。つまり公務員です。要するに膨大な数の公務員が雇われたのです。公務員も結局、後を追う形で、企業と同じような状態を当たり前のこととして取り入れていきます。高度成長がはじまったばかりの時期には、公務員のなり手がないという状況はめずらしくなかったのです。企業の方が賃金がずっと高い。公務員になって生活できるんだろうかという気持ちがあって、とくに地方に行くと地方公務員になるのは、自宅で農業をやっていて、農業だけで食うものは取れる。それプラス公務員。副業として公務員になるというのがかなり伝統的な状態だったのです。それほど公務員の給料は高くはなかったのです。けれども、企業はどんどん高度成長する。そこで賃金がどんどん上がっていく。同じことが公務員の世界にも起こります。高度成長が終わった後でも、企業も同じ生活を続ける、国も地方自治体も同じリズムで生活を続ける。どんどん保障されたように賃金を上げ続けたのです。しばらくは良かったのです。税金がどんどん入ってくるという状況が続きましたから。

戦前の日本経済のボトルネックは
国民の収入が低いこと.
しかし今の日本経済は世界一金のかかる経済.

しかしいま、この経済全体が崩壊しつつある状況に直面して、税金の収入はガタ減りになっているでしょう。「財政崩壊」というのはまさにそういうことです。高度成長の時期は、収入がいくらでもありました。企業の売上げが伸び、自治体も税収がどんどん上がったのです。したがって気前よく賃金を上げることができました。こんなふうにして、日本中の賃金が上がっていったのです。考えてみると、日本中の賃金が上がるということは、非常にいいことです。非常に望ましいことです。戦前の日本経済で何がネックになったかというと、国民の収入があまりにも低かったのです。農家の収入をはじめとして、国民の収入があまりにも低かった。抑えられてきたからです。そのために「国民の購買力」が限られてしまった。日本で物が売れない。それが最大のネックです。そういうことを考えると、戦後の日本の経済で賃金が確実に上がる、国民の収入が確実に増えていく、しかも日本中でそういう現象が起こっている。こんなに望ましい状況というのは、かつてなかったのです。非常にいい状況にあった、という評価が一方でできます。ところがそれが手放しで喜べるのかというと、喜べない。なぜだろうか。日本の国内だけ考えて、日本のルールという枠のなかで評価すると非常にいいことです。日本人がみんな豊かになり、みんな生活のレベルが上がったのですから。だれも被害を受ける人や損をする人はいない、万々歳ではないかということになります。

ところがこの状況をふまえて日本の経済が動いていくと、必ず「コストのかかる経済」

「日本のルール」は割高で
競争力のない日本経済を作ってしまった。

になってしまいます。何をするにも何を作るにも、必ず「人件費」がかかるんです。人を働かせて払うお金というのは必ずかかります。公務員に高い給料を払って、それは直接、経済と関係ないではないかというけれども、関係があります。まず税金がそうとうかかる。高い税金が必要です。そして人件費に税金を取られれば、道路とか公園とか図書館とか、こちらの方ができなくなるかもしれない、という影響を受ける。あるいは「高い人件費を使った高い行政サービス」ということは、経済にマイナスの影響を与えるということが当然考えられます。

ということで、官民問わず、日本の経済活動というのは「世界一金のかかる経済」というものになっていたのです。気がついたらそうであった。この日本のルールに従って築き上げられた非常に理想的な生活環境だったのですが、「世界のルール」から見ると、非常に「割高な」、競争力のない生活環境を築いてしまったのです。それを理解していただくために、日本とアメリカのここ一〇年間の「生産性」の変化を見てみましょう。

図7をごらんください。

ここで表されているのは、アメリカの製造業のいわゆる「労働生産性」という指標です。労働生産性というのは、例えば工場で製品を作る場合に、労働者が一時間なら一時間働いた場合にどれだけの分量の物ができるか、というのが労働生産性という数字です。例えば労働者が一人一時間働くと乾電池が一本できるということだとすると、工場の設備を改良

図7　日米の労働生産性の推移

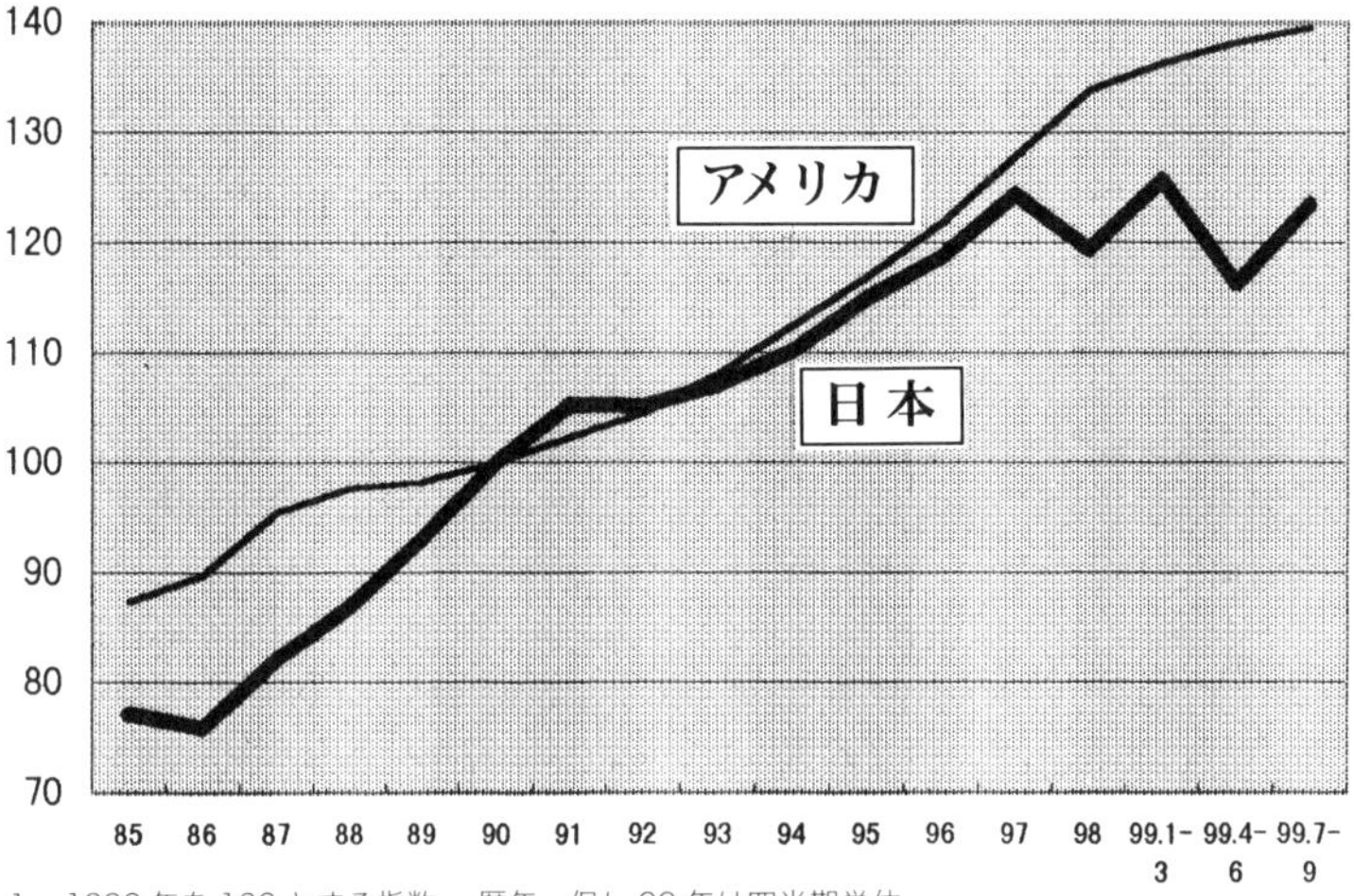

1　1990年を100とする指数。暦年、但し99年は四半期単位。
2　日本は、社会経済生産性本部の「労働生産性指数（製造工業）」。日銀『経済統計月報』／『金融経済統計月報』（各月版）より引用。
3　米国は、日銀『日本経済を中心とする国際比較統計』（各年版）および Bureau of Labor Statistics Data (BLS) の Total Manufacturing Output per Hour of All Persons (http://146.142.4.24/cgi-bin/surveymost) の数値より算出。

したら、一人の労働者が一時間作業して乾電池が二本できるようになったとして、そこの工場では労働生産性が二倍になったという表現をします。

それで九〇年に一〇〇と設定された両国の労働生産性がどれだけ伸びたのかということですが、アメリカではちょっともたもたしている時期は生産性が伸びなかった。それに対して景気がよくなったとたんに伸びはじめたということになります。日本ではバブルがはじけるまでは労働生産性がどんどん上がってい

アメリカの消費は急上昇，日本の消費は停滞．
アメリカの生産性は上昇，日本の生産性は停滞．

く。しかしはじけたとたんにガクンと落ちて、またちょっと上がりはじめたけれども、九七年にまたつまずいてしまったということで、全体としてここ一〇年、アメリカの製造業の労働生産性は確実に伸びているのに対して、日本の製造業（鉱工業）の労働生産性は伸び悩んでいるということがわかります。

なぜ日本の製造業の労働生産性が伸びないのかという理由は、もちろん生産の額が伸びなかったということが背景にあるのですけれども、本当の理由は生産の分量は伸びないで減っているのに、そこに張りつけて働かせている労働者の数をそんなに減らしていないからです。つまり、労働生産性というのは、さきほどもいったように、工場で働く労働者を分母に持ってきて、分子にその労働者たちがどれだけの生産をしたか、という割算で出てきます。したがって、この分母の働く労働者の数が相対的に減らなければ、分数というのは小さくなってしまうことになります。つまり、生産性は上昇しないということになります。

アメリカでこんなふうに急激に労働生産性が上がった主たる理由は二つ考えられます。一つはアメリカの経済というのは八〇年代前半を通して非常に調子が悪い状態が続いてきました。ちょうどいまの日本の直面しているような困難に直面していました。それをどうやって乗り越えるか、ということが国をあげて取り組まれた問題で、レーガン大統領とか時の政権が、「強いアメリカ」と「強いアメリカ経済」をスローガンにして、かなり大改革をやりました。その一つがアメリカにおける「規制緩和」でした。いま日本で規制緩和が

アメリカは日本より10年以上前に「強いアメリカ」を目指して「規制緩和」に踏みきった。

必要だと叫ばれていますけれども、それはすでにもう一〇年も前にアメリカで行われてしまっています。ですからそういう意味では、日本はやはり遅れて後からついていくという状況になっています。

アメリカではさまざまな分野の規制を取り払うということをやりました。航空業とか通信業です。しばらく前まで日本の通信業というのはＮＴＴの独占でしたが、アメリカも例外ではなくて、Ａ Ｔ＆Ｔの独占の状態でした、それを分割して競争させるようにしました。ちょうど日本でもＮＴＴが分割されたり、あるいは同業の誕生が行われて、競争が激しくなっていますが、あんな状態がすでに八〇年代のなかごろにはアメリカで行われていました。それと同時に各企業は労働者の数をできるだけ減らす、という合理化をかなり徹底的にやりました。そして同時に技術の改良も進めて、とくにその時に情報化というものがこれからの新しい技術の切札である、という認識が国家レベルであって、かなり大々的に情報化の環境、それから技術の発展に取り組んできました。その成果がいまもう決定的に現れていて、アメリカが好景気を続けているのは、その時の、いってみればアメリカのリシャッフルの成果であると考えることができます。

それからもう一つは、リシャッフルとは関係ありませんが、アメリカの雇用制度では、余った労働者は簡単に首にできます。いわゆる「レイ・オフ」という制度が行われておりまして、景気が悪くて製品が売れなくなった、そして工場の操業を少し短縮しなければい

欧米の「レイ・オフ」制度は失業率を高めるが労働生産性を維持する働きがある.

けない、生産量を抑えなければいけない、という状況になった時に、それまで働いていた人間すべては必要ない。ですから多すぎる分は、あなたは明日から出てこなくてもいい、自宅待機しなさいと、レイ・オフさせる。しかし給料は出ない。首にするのに近い状況が法律的に保障されている。アメリカの場合には生産量を減らしても、それに応じて働く労働者の数を調節することができる。したがって、労働生産性はいつでもある水準を維持することができるということになります。ところが日本の雇用制度は、そんな簡単にレイ・オフできない、首にできない、ということがあります。これは法律的にもアメリカよりは企業の方に自由がないし、また法律と関係なくできあがってきた、日本の企業の雇用慣行も労働者の数を調節することが非常にやりにくいという状況になっています。

したがって、こんなふうに労働生産性を比較した場合に、景気が悪くなるととたんに日本では労働生産性が落ちてしまいます。労働生産性が落ちるということは、それだけ製品のコストが高くなるということです。一人の労働者が乾電池を一時間に一個作っていたのに半分しかできなくなってしまった、ということがあるとすると、乾電池の人件費は二倍になってしまいますから、それがいろいろな産業部門で全般的に現れるということで、日本の経済の体質がどうしても「費用のかかる経済」という性格を持たざるをえない。しかも日本の経済は、少なくとも高度成長期までは確実に右肩上がりを続けていくということであったので、企業の雇用政策は、必ず企業は拡大していくんだということを当然のこと

これまでの企業の雇用政策は
右肩上がりの経済を前提にしていた。

として人事管理をやってきました。したがって、景気がだめになり、当分回復の見込みがないというような状態というのは、それまでの日本の企業には想定されていませんでした。はじめての、とくに戦後はじめての経験だったのです。いくら待っても景気がよくならない。これでは遊ばせておく人間をいつまでも維持できるはずがありません。そんなことで、このコストを維持していくのが限界になっているというのが、雇用制度が崩壊しはじめている根本的な理由である、ということになります。

日本経済は優等生の経済.
その出発点は「五公五民経済」.

第3章　日本経済躍進の秘密は江戸時代にある

歴史的に日本の経済がいままで直面したことのない状況に直面しはじめているということですが、なぜこういう状況になったのかということを長い歴史の流れの中でつかまえておきませんと、これからどういう方向に向かおうとしているのか、あるいは向かうべきなのか、という将来の展望もつかめないということになるはずです。明治以来、日本の経済というのは先進国に追いつき追い越せということを一生懸命やってきた。そういう意味ではかなりそれに成功した。「世界の優等生の経済」といっていいだろうと思います。なぜいままでは優等生であることができたのか、可能であったのか、ということを歴史的に振り返って確認しておく必要があるだろうと思います。

まず、日本の経済がこんなに目を見張るほど発展した基礎にある体質という問題を考え

明治以来, 日本の経済は世界の優等生.
近代日本経済発展の最大のキーワードは「小作制度」.

てみたいと思います。話の大きな流れとしては、日本経済が近代になって大躍進をすることができたのは、江戸時代の基盤の上に立っているというつかまえ方をすることができるだろうと思います。その場合の最大のキーワードは「小作制度」というものであるといえます。小作制度というのは江戸時代にはほとんど広がっておりませんで、それが日本の経済、とくに農業に定着するのは明治体制になってからです。明治体制になって、いうなれば、その要のような形で小作制度という農業のやり方が登場するのですけれども、この小作制度がその後の日本の経済全般、とくに工業化と非常に深く結びついているということがいえます。そんな予備知識を持っていただいて、**図8**をごらんください。

日本経済の「五公五民体制」というものについて説明しようという図ですが、江戸時代に年貢米を納める割合を表す「五公五民」という言葉がありました。この五公五民という言葉で表される江戸時代の経済、つまり農業の体制、これが明治になっても重要な影響を与えています。明治以降、戦前だけではなくて、戦後の日本経済においても江戸時代の五公五民体制というものが直接間接的に大きな影響を与えていると考えられます。図の左端、「五公五民経済」と書いた円は江戸時代の状態を表しています。「小作制度」と書いた円の部分が、明治体制、第二次世界大戦が終わるまでの状態を表しています。そして「労働分配率」と書いてあるのが戦後の状態と考えていただきたいと思います。

まず、江戸時代の五公五民という言葉で象徴される農業のシステムというのはどんなも

幕藩体制を支えたのは「五公五民」制度
——穫れた米の半分は「年貢米」に.

図8　日本経済の五公五民体制

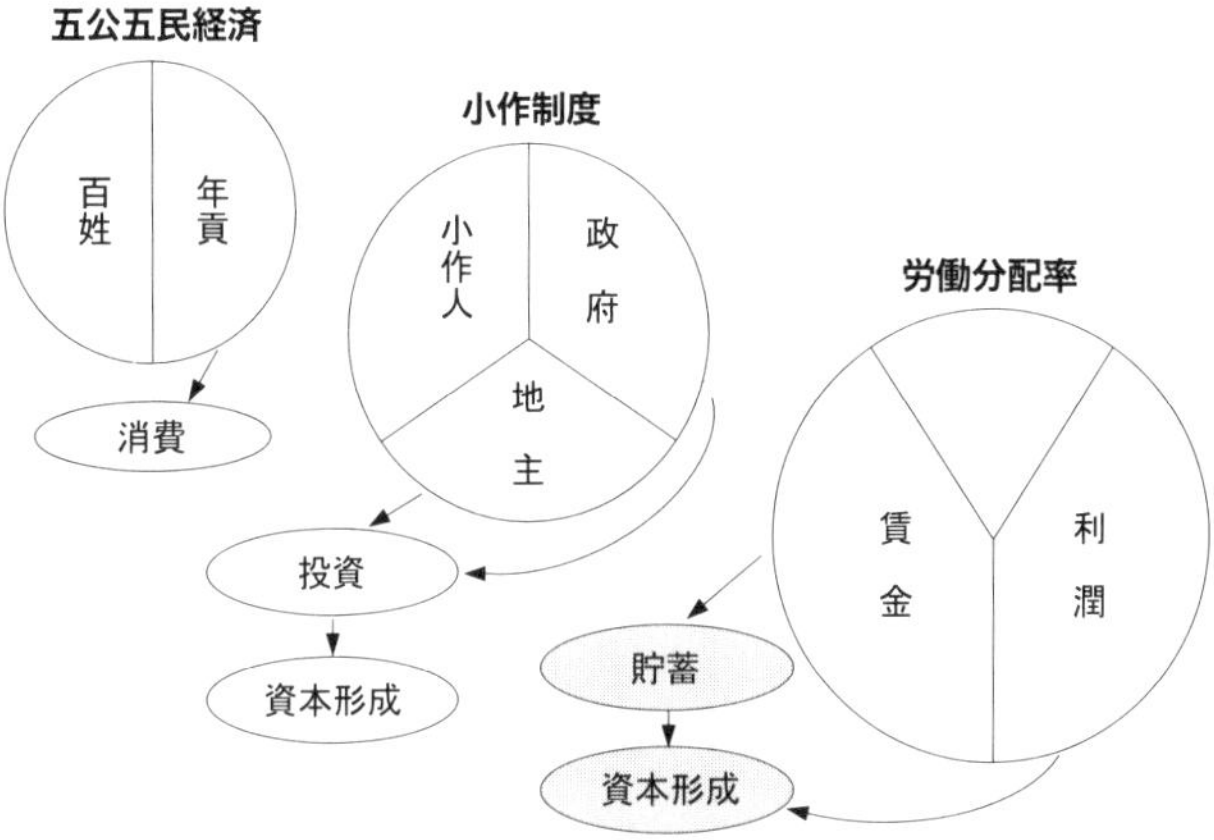

のであったかということです。五公五民というのは、農民つまり百姓が自分の田んぼで米を作る、あるいは麦を作り、その収穫量の半分を「年貢米」としてお上に差し出す義務がある、そういう制度でした。半分年貢米で取られてしまって、手元に残るのは半分です。これが五公五民です。五公というのは年貢米の部分、五民というのは農民が手に入れる部分ということです。言葉としては六公四民という言葉も残っていて、六公四民というのは、収穫物の六割が年貢米として召し上げられてしまうということで、こちらの方が年貢米としてはきびしいということになりますが、ごく一般的にはだいたい半々というのが普通でした。もちろん地方によっても違うし、また人によっても違うし、年によっても違うというさまざまなバリエーションがありますが、全

武士は不生産階級——年貢米を消費してしまった

体として五公五民という年貢米の割合でした。

この年貢米の部分が一体、社会全体としてどういう意味を持っていたか、どういう使われ方をしていたかというのが問題で、五民の方の農民が取る分は当然、農民がそれで一年間食べていく、そして来年の種籾もそこから出さなければいけないということで、農民の生活を支えてきた、半分の部分です。年貢米になった半分の部分というのは、武士たちが分配して、自分たちの生活をそれでやっていったという使われ方をしました。武士たちの生活を支えたということは、結局、そこで完全に「消費されてしまう」ということです。ご承知のように、武士というのは基本的には生産活動に従事しておりません。もちろん、まったく従事していなかったのかというと、そんなことはなくて、公共事業とか灌漑施設とか、そういうものは各藩で大名が事業としてやるということは行われていて、そういう治山治水を担当していたリーダーというのは武士でした。ですから少なくともそういう治山治水のような事業に携わるというかぎりおいては、生産の一翼を担っていた。とくに指揮者として担っていたということはいえます。しかしそれは全体のなかでいえば例外的な部分であって、ほとんどは普通の消費として消えていくことになります。

したがって、こういう江戸時代の五公五民経済というものは、それが何年繰り返されても、量的に拡大していかない。つまり、経済成長というとらえ方をしているのですが、経済成長はこの枠組ではほとんど不可能であったということになります。もちろん、江戸時

江戸時代の農業生産力は世界第一級のレベル．
近代日本経済発展の基盤は江戸時代の農業にある．

代にも少しは農業の発展はあるのですが、非常に微々たるものです。ほとんど農業の成長が行われなかったということです。その理由というのは、本来、成長に使えるはずの部分、つまり年貢米の部分を農業から切り離してしまった、ということにあります。もしも農民がこの年貢米の部分を自分で自由に使ってもいいといわれれば、農業はそうとうな勢いで変わっていったはずです。それで農業を拡大する。開墾したり、あるいは技術を新しくしたりということで農業に再投入されれば、農業の進歩拡大はまちがいなく可能でした。つまり、江戸時代の日本の農業というのは、理屈としてはかなりの成長が可能であるほど生産力が高かったということです。結果として消費されてしまったから、江戸時代の農業は成長しなかったけれども、使い方を違えれば、つまり農業にもう一度投入するということをやれば、そうとう農業は拡大するという生産力の高さがあったということです。現在の発展途上国のなかには、農業をやっていてもそこでの農業の生産力はそれほど高くない国がいくらでもあります。それに比べると、日本の江戸時代の農業というのは、すでにそうとうなレベルに達していました。このそうとうなレベルに達していた江戸時代の農業、これがその後の日本の経済の近代化・発展の重要な基盤になっているということです。

「小作制度」は「明治体制」の要.

第4章　戦前の日本経済には重大な矛盾があった

そこで幕藩体制が崩壊して、明治体制に移る。「明治維新」が行われます。明治維新の結果、姿を表した農業のやり方、それが小作制度です。小作制度というものがなぜできたのだろうか。明治維新という大改革が行われました。明治維新というのはどういう改革であったか、どうして農業の制度として小作制度というものが登場したのか。小作制度というのは、制度として評価しますと、けっして近代的な制度ではありません。むしろ前近代的・封建的な制度の一つである、という性質を持っています。ところが明治維新という出来事・変革というのは、日本の近代化の出発点だという位置づけになっています。日本がいろいろな部分で近代化を鋭意進めて、小作制度もそういうなかで生まれたのですから、近代的な性格を持ったものではなかろうかと思われますが、どうも近代的な性格とはほど遠い、

「小作制度」は前近代的な制度．明治維新の本当の意味は「古い体制に戻る」こと．

江戸時代の名残りを非常に強く持ってしまっているということになります。

この問題を解くカギというのは、やはり「明治維新が何であったか」という理解にあると思います。日本語で「明治維新」というと、まさに「日本の夜明け」、日本が新しくなるというイメージが強いです。けれども英語で明治維新のことを何といっているかというと、「維新」とはけっして言わない。Meiji Restrationというのが普通です。明治レボリューションという人もいますけれども、一般的には明治リストレーションです。つまりリストアという英語の意味は、古い状態に戻るということです。「明治に起きた古い時代に戻る出来事」。維新とは似ても似つかぬ英訳が行われています。どっちがより正しいのか。英語の方が正しいのです。なぜ維新とつけたか。それはわからないではないです。確かに世の中が新しくなりましたから、文物がとにかく入れ替わった、一新された。ただ、そこのところだけでつかまえますと、本当の明治維新の意味合いというのはわからないのです。リストレーション、明治という復旧、元に戻るということがなぜ英語でいわれるのか。ちゃんと理由があります。例えば明治維新という直接の出来事は、明治元年の「王政復古」と呼ばれる出来事を指しています。

しかし王政復古の前の年、慶応四年にあたりますが、この年に「大政奉還」という出来事が行われています。大政奉還というのは一体何だろうか。日本の国を治める大きな政治、大政、これを奉還する。「奉」というのは偉い人に何かをする時につけなければいけない言

「大政奉還」は「日本国は天皇が治める」ということを意味する。

葉です。奉《たてまつ》る。「還」は返す。日本の政治をお返し申し上げるという出来事が慶応四年、まさに幕末に徳川慶喜の決断で行われます。「奉還」という言葉は、将軍が自分よりも偉い人に何かやったから奉還となっているのです。いままでの大政の責任者、つまり日本の国を治めていたのは徳川将軍、その人が「政治をお返し申し上げます」というのは、日本では天皇しかいなかった。ですから、大政奉還という言葉にこめられた意味というのは、日本の政治というのは、本来は天皇の行うものであったが、たまたま徳川時代、天皇の手から離れて将軍が預かってきたけれども、いまやそれをまたもとに戻すということです。それを受けて王政復古の宣言が行われる。王というのは天皇です。復古というのはまさにリストレーションです。

しかし、「明治維新とは何なのか」という中身をもっとよく表す出来事が明治二年に起こっています。広い意味の明治維新の一部です。「版籍奉還」です。版図という言葉がありまして、これは封建社会で領地、領土を意味していました。版籍の「版」は領土という意味です。「籍」というのは戸籍の籍で、そこに住んでいる人々を表します。いまでも戸籍というのがあります。「版籍」は国土と人民、領土と領民という意味を持っています。これを「奉還」したのです。これは非常に重要な意味を持っています。わかりやすいようにいいますと、日本の国土と日本の国民というものを、本来の持主である天皇にお返し申し上げる。これが版籍奉還です。そうすると、そこに登場する「籍」、つまり日本の国民・人民、これ

明治維新の究極の中身は「版籍奉還」.
日本の国土と国民は天皇のもの.
「幕藩体制」は土地の「二重所有」制度.

は天皇の持ち物です。これが明治維新の具体的な中身なのです。

そうして出発した明治というのは、この明治維新の性格に即したものにならざるをえません。そこで何が行われたのか。幕藩体制の解体を初め、さまざまな制度の改革が行われました。とくに幕藩体制を支えてきた「武士の解体」ということが行われます。それと呼応して、「領地の治め方」が新しくなるという改革が行われます。その場合にどういうふうに新しくするのかというと、言葉としては「近代化する」ということで、欧米ですでに定着していた領地の治め方、つまり土地所有制度というものに転換していくという改革をやったのです。それがいわゆる明治四年の「地租改正」という出来事です。言葉としては「土地の税金の改正」ということで、あまり重大なことではなさそうに思われます。しかしじつは単なる税金の制度の改正ではなくて、土地の所有制度というものが根本的に変えられる、近代化されるということであったのです。

幕藩体制のもとでの領地の所有というのは、どういう形で行われたのか。日本中の土地は基本的には天皇のもの、そしてそれを徳川将軍が預かる。そして徳川将軍が預かった土地を切り分けて、その配下である大名に任せるという形が幕藩体制です。そうすると、任された大名は、「自分の領地というのは将軍から授かったんだ、おれの物だ」という意識を持っています。ところがその領地（土地）というものを実際に活用しているのは農民（百姓）です。もうだれが大名になろうが関係なく、何百年も前からそこに農民が住みついて

「地租改正」の実態――
「幕藩体制」を解体して近代的土地所有制度へ

米を作って生活を続けてきたという現場の状況があります。そうすると、現場の農民からしたら、別に幕藩体制が生まれたからということとは関係なく、自分が米を作って家族を養ってきた土地は「おれのものだ、おれが先祖から受け継いだものだ」、そういう意識を強く持っているのです。そうしますと、同じ一枚の田んぼに、現場の農民の「所有意識」と大名の領地に対する「所有意識」とがダブって存在していることになる。

つまり、「土地に対する二重の権利」が江戸時代には形成されていた。これは近代の土地所有制度とはいえません。近代の所有制度というのは、いわゆる「私有制度」という言葉で表されるように、一つのものに対する権利というのは「一重」に設定されていない。「一重」です。農民も「おれの土地だ」。大名も「おれの土地だ」。これは二重です。いまはこの土地はだれだれの物だといったら、それで終わりです。「こっちにも権利がある」というようなダブった状態というのは、いまはありません。つまり、近代の土地所有制度というのは一重、一元的です。ところが江戸時代は二重、二元的です。権利が二重になっています。これを明治政府は近代的なものに変えようとした。そこでどういうことが行われたかというと、二重の権利が存在しますから、これを一元化、一重にするためには、どっちかの権利を切り捨てなければいけない。この作業が行われて、「あなたの土地だ」と認められた人には明治政府から「地券」という「権利証」が発行されています。実際は県知事の名前で発行されています。その地券を交付された人は、法律で「地主」として保証される。

明治政府は地租改正によって財源を確保した.
地券を手に入れて地主となったのは
社会の上層階級であった.

その代わりこれこれの金額の税金（地租）を政府に納めなさいという条件がつきます。「地租改正」と呼ばれるのは、じつは明治政府が財源を確保するために税金がほしかったのです。工業は発展していない。工業から税金が上がってこない。農業から税金を上げるしかない。どうやってやろうか。だれが納税の責任者かということを決めなければいけなかった。そこで新たに納税の責任を持つ人間、これを確定しようとしたのが地租改正だったのです。ですから、言葉として「土地の税金の制度を変える」という非常に気軽な表現になっています。しかしそこで実際何が起こったか、何が行われたか、ということを考えますと、単なる税金の改正や納税義務者の確定にとどまらないのです。「土地の所有制度」というものを根本的に変えるという性質を持った、非常に大きな改革が行われたのです。

実際、二重の所有権を持っていた人たちのどっちが地券をもらったのかというと、だいたいが「現場の農民」ではなくて、大名とか、その下にぶら下がっていた「名目的にその土地を所有していた人たち」がほぼ地券を独占してしまったのです。そうすると、現場の農民はどうなったのか。いままでは幕藩体制のもとで慣行として、いわゆる「所有権」を認められていました。いまの所有権とは違いますが、ちゃんとそこで「生活する権利」を、「耕す権利」を認められていました。しかしその権利がもう保証されなくなってしまった。「地主」と呼ばれる人たちはまったく別のところに住んで、農業とは何の関係もない生活をしている人たちが多かった。だからその地券をもらった人が、現場を耕して、何百年も先

「小作制度」は「殿様と家来」のミニ版.
「地主」は農民（小作人）に対して
「生殺与奪」の権利をもつ.

祖伝来の土地を守ってきた農民に対して、「おまえにはもうここは耕させない。明日から出て行きなさい」といえば、もう出て行かざるをえないのです。そういうきびしい状況に現場の農民が立たされてしまった。考えてみれば、明治維新というのは農民にとっては「雲の上の出来事」で、何が行われたか全然わからないのです。だからおそらく地租改正、地券交付という出来事について、現場の農民が一体どれだけ理解していたか、疑問です。知らない間に自分の権利がなくなっていた、そういう状況であったのです。

そうすると、今度は地主と農民の関係というものが新たにできあがってきます。地主は非常に強い権限を与えられています。法律によって保証された所有権を持っています。「生殺与奪」の権利を持っています。農民は権利を失ってしまった。立場は弱い。農民が引き続き生活を続けようとすれば、地主に頭を下げて頼むしかない。ほとんどすべての農民が土地を離れれば即生活できないという状況であったので、もう地主に頭を下げるしかない。それとほとんどの地主が武士階級であったから、もともと社会の上層部でいばっていた人たちです。そういう旧支配層と農民という関係ができあがってくる。これが「小作制度」です。ですから小作制度というのは、地主が土地を貸して、農業をやりたい人がそれで農業をやっているという、「貸し借りの制度」ではないのです。形の上では土地を貸しているのです。けれどもけっして貸し借りではない。それ以上に「身分関係」なんです。「殿様と家来」です。殿様と家来のミニ版が小作制度です。ですから小作制度というのは、非常に

「小作制度」の功罪——
工業化を成功させたのも挫折させたのも「小作制度」

前近代的な性格だと最初に申し上げたのは、そういう意味です。

そしてこの前近代的な小作制度というものがその後の日本の経済において非常に重要な役割を果たします。簡単にいえば、小作制度が存在したから日本の工業化が成功したのです。しかし他方で、小作制度が存在したから、日本の工業化が挫折したのだということもいえます。矛盾していますが、戦前の前半期については、小作制度が存在したから日本の工業化が成功しました。後半期、とくに第二次世界大戦に近づくころは、小作制度が存在したから工業化が挫折して、戦争にのめりこまなければならなかった、という表現が可能です。したがって小作制度というのは、いい意味でも悪い意味でもキーワードです。「これなしには近代日本が語れない」という重要な役割を担っています。

また九五ページの**図8**に戻りますと、小作制度というのは、地主と小作人の関係で成り立っていますが、小作人は地主様に小作料を納めなければいけない。江戸時代には農民は年貢米と呼ばれるものを納めていた。それと同じように、今度は地主様に小作料を納めることになります。**図8**に表したのは、農民が作った米が一体どういうふうに使われたのだろうか、ということを三つの部分に分けて表しています。江戸時代は二つに分ければよかったのです。つまり、農民の手元に残る分と年貢米の部分で、その年貢米の部分というのは結局、武士の生活費、それから時の政府、大名も地方政府ですし、中央の徳川幕府は中央政府です。この政府の維持のために必要な分というのは当然あるのですが、年貢米という

農民（小作人）が地主と政府の財政を支えた

ものの中には全部それがふくまれていますから、要するに二つに分ければよかった。

しかし明治体制になって近代的な国家ができて、それを治める政府というものがはっきりとでてきます。そうすると政府の維持費が一つの独立した部門として必要になってきます。そういうように考えますと、結局、農業で農民が生みだした米が地主の生活も支える、それから政府の維持もこれによって可能であった、というふうに三つの部分に分かれることになります。農民自身が生活します、地主がそれで生活します、そして政府も成り立っていかなければいけないのです。一般的な分かれる比率というのを考えますと、三分の一ずつに分かれているという形が多かったのです。つまり地主は農民から小作料として収穫物の三分の二を受け取ります。年貢米よりも割合として高くなってしまいます。農民の手元に残る米が減ってしまいそうですが、生産力が上がっていますから米自体は減らなかった。しかし割合は少なくなってしまっています。つまりそれだけ地主は農民に対する力が強かった。より多くを取り上げる力を持つようになったということです。そして地主は農民から取り立てた小作料の一部を政府に税金として納めます。一部といってもだいたいその三分の一ずつといわれていますから、地主が三分の二の小作料を取って、そのうちの半分、つまり全体でいえば三分の一が地租になっている、という使われ方をしました。

それでこの先、さらにどうなったのか。地主がそれを全部武士のように消費してしまったのかどうかと考えますと、そこが違います。地主はその小作料の中からかなりの部分を

小作料を財源として
工業化のための投資が行われた.
小作制度がなければ
工業の急速な発展はありえなかった.

図9　近代化の財政的メカニズム

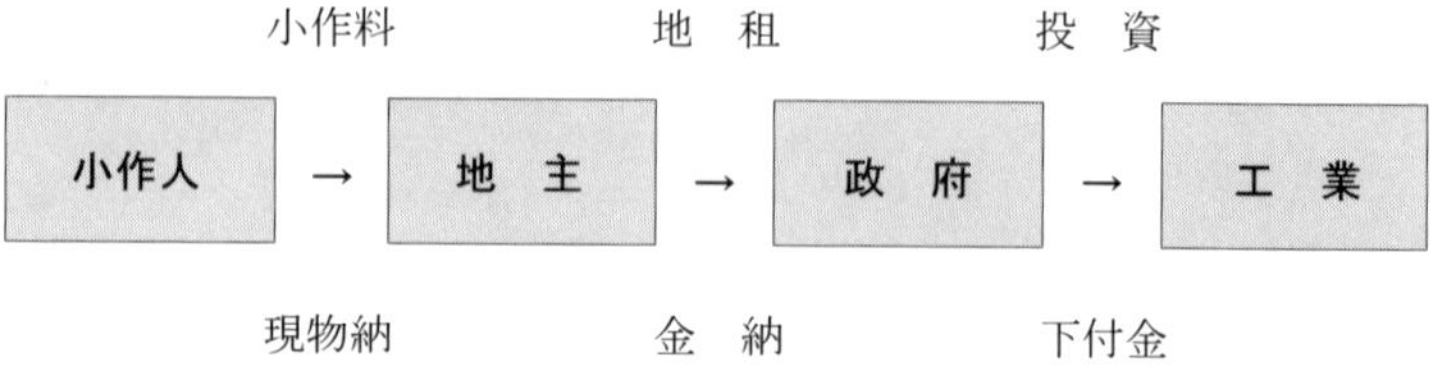

「投資」します。そして政府も地租として政府に入った収入の中からやはりかなりの部分を「投資」します。そんなわけで、年貢米は武士が消費して消えてしまったけれども、その年貢米と同じ部分が、あるいはそれよりも多い部分が、地主や政府の手に渡り、そしてその中から積極的に投資が行われます。投資が行われれば行われるほど、それは次の経済というものを大きくしていきます。とくに投資という場合には、工業への投資です。農業への投資は行われない。こんなふうにして近代の日本経済を支える資本がだんだんと形成されていくということになります。これが明治体制の要になります。

　そこでこの次に、小作制度がどういうふうにして工業を発展させたのか、というメカニズムを図式的に表したものをお目にかけます。**図9**をごらんください。現場で一生懸命農業をやっている小作人たちが地主様に小作料を納めます。そして地主は、さきほどいったように、その一部を地租として政府に納入します。政府はその一部を工業の発展のた

小作料は「物納」，税金は「金納」
——ここにマジックがある．

めに積極的に投資するという、「農業から工業への資金の流れ」が形成されたのです。これは小作制度が要になっています。つまり、小作制度というのは現場の農民には必要最小限のものしか残さないのです。みんな取り上げてしまいます。餓死しない程度に取り上げる制度です。だから近代的ではないといっているのですが、そんなふうにして現場の農民からできるだけたくさん吸い上げることのできるのが小作制度です。それを利用しますと、工業に資金をたくさん振り向けることができます。もしも小作制度ではなくて、もっと近代的で自由な農業のやり方が明治時代の日本にできあがっていたら、どういうことになっていたか。農民は自分でとった米は自分の物だ、ということでわざわざ工業にそれを投下するということばかりはやりません。そうすると工業をこれから一生懸命発展させようという国の政策は、そんなにうまくはいきません。農業も発展します。しかしその分、工業はあまり発展しないということになります。

さらに細かく見ますと、小作人が地主に小作料を納める場合に、お金では納めないのです。これは小作制度の特徴で、「現物納」という納め方をします。ですから、米を作ったら米を半分か三分の二納める、麦を作ったら麦で納めるというように、現物で納めます。そして地主はそれをどうしたかというと、政府に納めるのはお金で納めなければいけません。近代の支払いシステムというのはみんなお金です。現物で納めるというのは前近代的ですから、税金はすべて「金納」になります。地主は金納するために、受け取った現物を必ず

農民の生活は「自給自足」,
国内市場の枠外にあった.

換金しなければいけません。地主を境にして、農民側は「お金のいらない経済」、地主から政府・工業側はお金が必要な経済、というように分かれてしまうのです。

ですから現場の農民の生活は、じつは江戸時代の農民の生活とあまり変わりません。本当に必要な少数のものしかお金で買わない。お金がそんなに必要のない生活、「自給自足」に近い生活が農民の方では行われていました。これはどういうことかというと、商品経済の範囲に農民が入ってこないということになります。つまり物を買わないんです。商品経済で物を買ってくれる状況を「市場」といっています。日本の国内市場は、この現場の農民を枠外に置いていました。それだけ日本の市場が狭かったということです。これは重大な障害をもたらします。工業をどんどん発展させて、生産されるのは「売らなければいけない品物」です。くれてやる品物でもないし、自給自足で使う品物でもないのです。すべてちゃんと儲けを確保して売らなければいけない。だれが買うのか。買う人がいないのです。さきほど、小作制度が工業化を進めるのに力があったといいました。けれども、小作制度があったゆえに工業化が挫折したともいいました。それがまさにこのことです。非常に矛盾したことが現実に存在して、行われました。

そこでもう一つつけ加えますと、農民は現物で小作料を納めますから、お金と関係がない。だからお米の値段が上がっても収入は増えない。江戸時代から一俵いくらという相場があります。江戸時代から最大の商品作物は米でした。米相場というのが江戸時代からあ

米の値段が上がることによって恩恵を受けるのは地主.
農民の生活はよくならない.

ります。したがって、お米の値段というのはいつでも存在したし、重要な経済の指標です。だから記録もずっと残っています。明治から現代に至るまでお米の値段は上がり続けています。確実に上がっています。とくにこの小作制度が出発した時期だけを考えても、米の相場はだんだん上がっています。どういうことが起こるか。農民は全然恩恵に浴しない。米の値段が上がってもお金が入るわけではありませんから、相変わらず五俵なら五俵を小作料として出すだけです。地主はどうだろうか。それを相場で売ります。同じ五俵を毎年受け取っても、収入は増えます。米の値段が上がっただけ地主の収入が増える。しかも地租は定額で固定されています。経済のなかで全然立場が違います。地主はますます有利な立場になっていきます。ますます強い力を持っていきます。お金を支配する者が強い立場というのは、このころから決定的になります。したがって、いつになってもお金と関わりのない生活をする農民というのは、立場が弱いのです。地主はますます収入を増やし、社会的に大きな力を持つようになる、という状況がここでできあがるのです。

そんなことで、小作制度をテコにして日本の工業化、したがって近代化がうまく行われたということになります。しかし一〇〇パーセントうまく行われたということではありません。さきほどいったように、ものすごい問題がそこにはもうふくまれていて、結局、挫折してしまうという結末を迎えざるをえなかったのですが、とにかく一応、明治政府としては目的を達成し、大成功であった。そして明治以降、大正、昭和とその体制が受け継が

日本の近代化・工業化のメカニズムは「農業足踏み・工業駆け足」.

れてきます。少なくともその初期、日本の工業がある段階に達するまでは、農業が非常に大きな支えになっていました。「農業を足踏みさせておいて工業を駆け足させた」。これが日本の近代化・工業化のメカニズムでした。ですから農業をもっと自由にさせて、止まってもいいよ、走ってもいいよ、自由にしなさいとやったら、工業は走れません。とくに農業は走りたがっています。経済というのはみんなそうです。だから農業で生まれる余剰を自由に使ってもいいよといったら、農業の方がまず発展します。それだと工業の方に資金がいきません。工業の発展はうまくいかなくなるでしょう。そんなことをしていると、日本は先進国にもっと水を開けられて、まかりまちがえば植民地になってしまう、というような状況が現実的にありました。その状況をふまえて、日本がどう進んでいったのか、という問題がその次にでてまいります。

これからお話しするのは、さきほど強調しておきましたように、小作制度というものが形成され、この小作制度が工業化のテコになったと同時に工業化を阻んだ、という非常に矛盾した存在であったということが具体的にどう展開していったのであろうか、ということがテーマになります。**図10**「戦前の日本経済の矛盾」という図式をごらんいただきたいと思います。そこに二つの論理の流れがあります。「経済としての明治体制」をとらえるときに、重要な特徴が二つあります。

第一の特徴は「後発資本主義」ということです。当時、世界の趨勢となっていた資本主

明治経済体制の特徴は二つ
——後発資本主義と封建的体質.
後発資本主義には植民地化の危機.

図 10　戦前の日本経済の矛盾

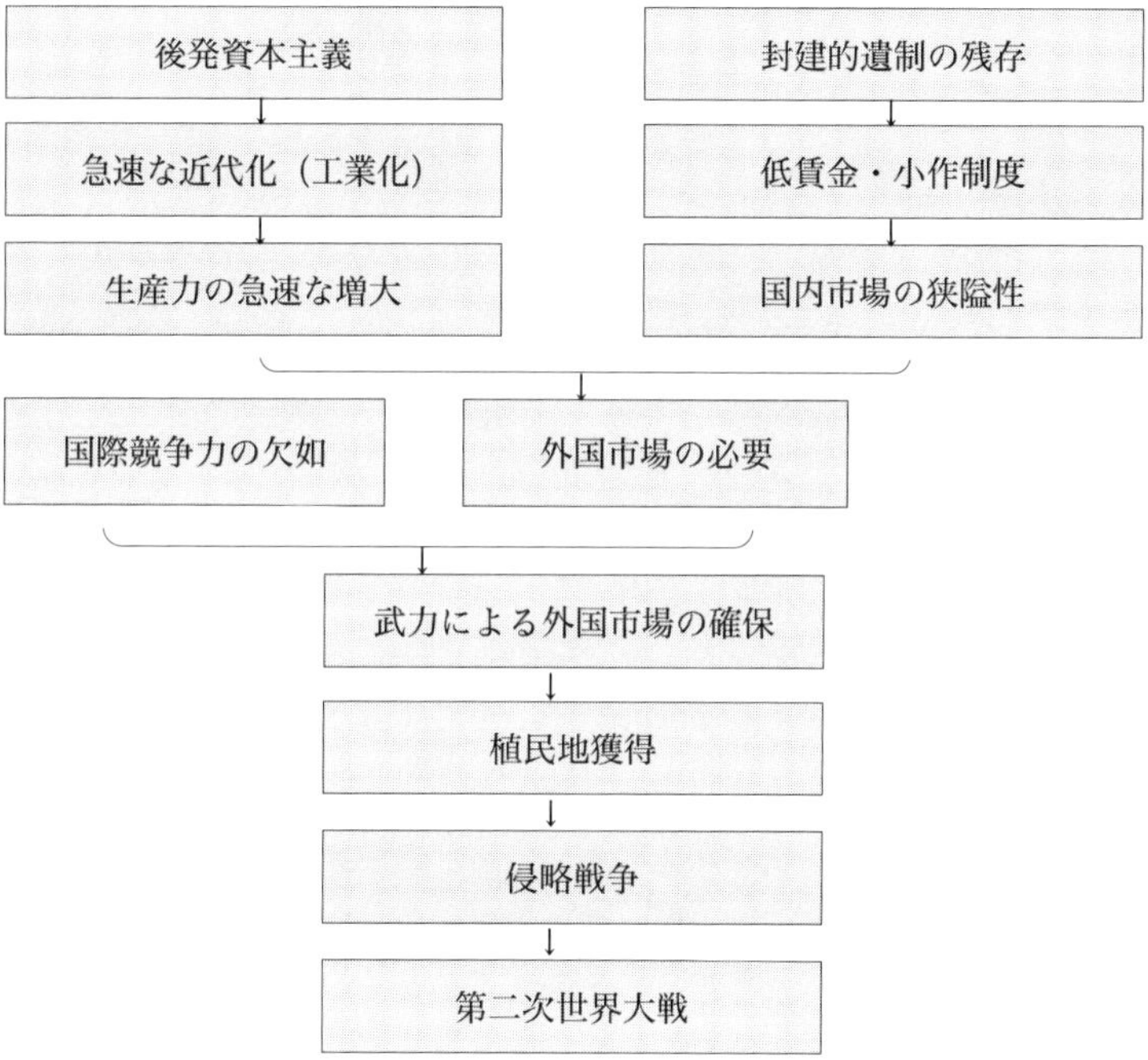

義経済の展開という点では日本はそうとう遅れていて、「後発組」でした。そういう意味で「後発資本主義」という要因が明治体制の重要な特徴、あるいはむしろ制約条件であったということになります。後発資本主義ということがなぜ重大な意味を持つのか、といいますと、時の世界の情勢は、資本主義の経済がどんどん広がっておりまして、そのなかでこの流れに取り残され

「経済活動」とは本来、生活のためのもの.
「資本主義の経済」になると「生活」は二の次となる.

ますと、結局、先進国の植民地にされてしまう、そういう「植民地化の危機」というものが国家単位で存在していました。当時、世界中で植民地にされてしまった国がたくさんありました。典型的なのはイギリスの植民地にされていたインドで、イギリスはインドだけではなくて、アジア、アフリカと、たくさんの植民地を擁していました。イギリスもフランスも、あるいはアメリカもそういう傾向を持っていましたけれども、なぜ当時の先進国は、植民地をそんなに手に入れようとしたのだろうか、というと、資本主義の経済の動きというものは無限に拡大していくという性質を持っているからに他なりません。

経済活動というものを人間はなぜやるのか、という原理的なつかまえ方をしますと、経済活動をやるということは、人間が生活に必要とするいろいろな物を調達するからだろう。生産したり、あるいは買うということもふくめて、生活の必要を満たすためだ、そういう答えが返ってくるはずです。しかし、現実に展開されていた「資本主義の経済」というシステムにおいては、人々の生活のための必要というのはじつは二の次でした。「たくさん儲けたい。多ければ多いほどよろしい」。経済活動のやり方としては際限を持たないという性質を持っていました。一般に利潤を追求するタイプの活動、「資本主義」と呼ばれますけれども、これは多かれ少なかれ、「限度を知らない」という性格を持ってしまいます。そしてそれがある程度勢いづいて世界の流れになると、それこそもう限度は見えなくなる。

そうするとどういうことが起こるか。もしも生活のために経済活動をやるということが

イギリス国民は「生活」の限度を越えて世界中に植民地を求めた

明確になっているとすると、例えばイギリスの経済がどんどん発展し、生産力が高くなり、多くのものがイギリスで生産されるようになる。そして一部はアジアの国々などに輸出されたり、あるいはアメリカに輸出されたりして、向こうの品物も手に入れて生活する、ということをやっていました。生活に必要な状況が満たされた場合、それでもう十分ではないか。普通の経済活動はそうです。食べるものがちゃんと入ってくる。イギリスでは手に入らないめずらしい熱帯の香料が時々入ってくる。胡椒が典型的ですけれども、そういうものを手に入れる。生活はそれで十分ではないか。生活のための経済ということであれば、生きてゆけるではないかという状況になるはずです。ところがそういうことにはなりませんでした。イギリスの中でどんどん生産活動が増殖を続けていきます。「資本」が増えていきます、工場もどんどん作られます。どんどん毛織物ができます。鉄鋼ができます。そういうことで、これはもうイギリスの国民が日常生活に使うのに必要だという限度をはるかに越えてしまっています。つまり、そうすると生活に必要な限度を越えた品物は、どこかに売りさばかなければいけない、ということが必ず出てきます。どこに売りさばくのか。はじめは当然昔からのつきあいですから、ごく近くのヨーロッパ大陸の国々に売ります。しかしそんなところで売りさばける分量は高が知れています。どんどん生産がふくれ上がっていきます。結局、世界中探して売れそうなところを見つける。これが「植民地」を手に入れよう、という強い動機になってくるのです。

「植民地」の役割とは原料の供給源と工業製品の市場.

「植民地」というのはどういう役割を果たすのか。一つは、植民地を持っているとそれを支配できますから、そこから工業の原料を確実に手に入れることができます。もう一つは、植民地であれば自国の工業製品を確実に売りさばくことができます。売りさばくというと聞こえはいいけれども、「押しつける」という表現があてはまるだろうと思います。植民地というのは、その国を支配している国の支配下にありますから、他の国の影響があまりおよばない。ですから少々高い品物であろうが、品質が悪かろうが、本国の工業製品がそこにどんどん売れていくことになります。日本もかつて「満州国」という植民地をつくりあげました。そんなふうに当初、一番先に資本主義を発達させた国は、その無限の増殖活動の結果、世界中に売れ口を求めて植民地探し、植民地獲得が始まりました。イギリスがやりはじめるとフランスがやる、アメリカもやる、そのうちにドイツがだんだんと資本主義経済を発展させる、ロシアもそうなる、ということで、だんだん「資本主義の経済」が各国で発展するにつれて、世界中が植民地の対象になってしまいました。

日本では幕末に黒船がやって来ます。なぜだろうか。植民地探しの活動の一つの余波です。けっして物見遊山でやって来たのではありません。非常に強い経済的な動機がありました。そういうことで、遅れて出発した日本の経済・資本主義としては、遅れてのろのろついていくのでは植民地にされてしまう、ということが可能性として非常に強かったのです。どうするのか。答は決まっています。植民地化されない程度の速度で経済を発展させていかなければいけない。急いで「資本主義の経済」という体制を整えないとあぶない、これが明治政府の判断でした。幕末の鎖国論議というのも結局、その一点を軸にして展開されました。そのためにとにかく「工業化」が焦眉の急ということになりました。

その場合にとられた急速な工業化のメカニズムが、すでにお話ししたような、農業における小作制度というものをテコにして強力に工業を推進する、ということでした。そしてこの政策は大成功します。大成功すればするほど、日本の工業の生産力は高まっていきます。そして工業製品が大量に出回るようになります。繊維製品、軽工業製品、そういうものが最初の主役になります。欧米から工場ごとそっくり導入します。工場ごとというよりは人間も導入しています。工場をうまく動かすためには日本人だけではだめで、プラントの導入と同時にいわゆる「お雇い外国人」と呼ばれた技師たちを一緒に連れてきて、それを明治政府が率先してやって、民間にこれをまねさせる、あるいは成功したプラントを安く民間に払い下げる、そういうことを積極的にやりました。だれが払下げを受けたのかといいますと、お金を持っていた人たち、つまり「商人」です。「明治の大商人」というのは、ほとんど幕藩体制のもとで財力を築いて、それを明治体制にうまく乗り換えて維持してきた人たちです。将軍家や諸大名と積極的に交流し、協力して、幕藩体制が崩壊した後は、明治政府とうまくつきあうという商人特有の動きが見られるのですけれども、明治政府はこういう金持ちを利用しないと工業化が図れないということで、そういう資金を積極

日本の「工業化」の裏方は「小作制度」つまり農民,
俳優は「大商人」や「お雇い外国人」.

的に活用するという途を選びます。いずれにしても、生産力がどんどん増えて、工業製品がどんどん登場するという状況になります。

一方で、さきほどキーワードとして強調したように、近代化という政策のなかで必ずしもその趣旨に合わないものが生まれています。それが「小作制度」でした。小作制度というのは、幕藩体制の殿様と家来という上下の身分関係が取り入れられた、非常に封建的色彩の強い土地所有制度、農業の制度ということになります。これが明治体制のなかで確実に定着をしていきます。その結果、どういう状況が生じたか、といいますと、まず小作制度のもとでの農民、つまり小作人の生活水準は江戸時代と変わらない。江戸時代の農民・百姓と基本的には変わるところがない。つまり、ぎりぎりの抑えられた生活しか許されないという状況になったのです。そういう人たちが国民の大部分を占めるというのが、当時の日本の状況です。そこに工業化がどんどん推進され、いわゆる「賃金労働者」というものが増えてきます。仕事をして賃金をもらう、雇われて賃金をもらう、賃金労働者が増えてきます。そうすると、その賃金はどのぐらいの水準だろうか、ということになります。当然のことながら、日本の国民の大部分を占める農民の生活水準がきわめて低い状態ですから、工業で働く賃労働者の生活水準というのも高くなるはずがないのです。原理的にいえることは、賃金労働者というものが登場する場合、その賃金水準はそのときのその国の生活水準を反映してしまいます。だから日本の生活水準がまだまだ低い状態であったとい

日本の低賃金の根源は「小作制度」.
低賃金は日本の国内市場を狭いものにした.

うことは、成立した賃金の水準もきわめて低い水準であった。つまり、「低賃金」ということになります。低賃金というのは、それ自体はあまりいいことではありません。しかし、低賃金ということが日本経済の「武器」となって工業化を推進するという一面を持ちます。同時に、低賃金であるがゆえに工業化を挫折させてしまう、そういうもう一つの面も持った、矛盾した役割を果たしたということがいえます。

ここでは低賃金のネガティブな面を強調したいと思います。賃金が低いということは生活水準が低い。したがって物をあまり使わないということです。賃金労働者というのは小作人と違って、賃金をもらいますからお金を使う生活をはじめています。それで日常の生活手段を買う。しかし賃金が低いということは、買える分量がそれほど多くないということになります。したがって日本の国内市場は狭くなってしまう。狭隘なものにならざるをえないということが出てきます。小作制度のもとで現場の小作人はほとんど自給自足の暮らしだった。市場に入ってこない。賃金労働者はようやく市場に登場したけれども、あまりお金を持っていない。お客さんとしてはあまりいいお客さんではない、そういう状況になります。

ところが、工業化の推進と市場の狭さ、この二つを結びつけてみると、これはうまくかみ合わないことになります。つまり、繊維製品をはじめとする近代的な工業製品がどんどん生み出されるようになると、それをちゃんとした値段で売りさばかなければならない。

増大する工業製品と狭い国内市場は「外国市場」に目を向けさせる．狭い市場に合わせて生産量を落とすと工業化が遅れて植民地化の危険がある．

損してまでは売れない。ところが、それを日本の国民がどれだけ買えたのだろうかというと、なかなか十分に買えなかったということになります。工業製品がどんどん出る。しかしそれを買う人があまりいない。当然売れ残ります。どうするか、という問題がでてまいります。現実的な方向というのは、「外国に売る」ということしかありませんでした。しかし、それだけですませると理解の仕方としてはあまり深くなりませんので、可能性としてどういう選択肢がこの問題から考えられるだろうか、ということを考えてみます。

一つは、工業製品の生産量をこの狭い市場に見合うぐらいにほどほどにする、ということです。理屈としてはそうなります。そうすれば問題は解決します。日本の国民がその時買える程度の物を作る。しかし、もしそういうことを政策として選択したらどうなるだろうか、と考えますと、日本の工業化はじつに遅々としたものになる。これは植民地化の危険をともなっているということで、明治政府としては生産をほどほどに抑えるということは絶対に選択できないということになります。

もう一つ理論的な選択肢があります。問題は国内の市場が狭すぎる、足りないのだから、これを広げるようにしよう。つまり、もっと国民が物を買えるような状況をつくりだすことにしよう。理屈としてはできます。一つは賃金をもっと上げてやればよかったのです。賃金を上げれば物をたくさん買うようになります。そしてもう一つ小作人の経済力をもっとつけてやる。小作料を軽くしてやる。そうすると小作人は自分の生活に必要な以上に米

市場を広げるために賃金を上げたり小作料を下げると工業化が進まなくなる.

が手元に残りますから、その米をお金に換えて、いままでに買えなかった物を買うことになる。いずれにしても農民や労働者の収入を増やしてやる、ということは意味があります。そうすると日本の市場がそれだけ買う力を持つようになります。

しかし、それでやったらどうなるだろうか、という問題が今度はでてきます。一つは、小作料を下げたら地主の手にわたる分が少なくなって、政府に入る税金が圧迫されるということが起こることは明らかです。そうすると、工業化を推進した重要な資金源がそこで断たれてしまうという問題がでてきます。さきほどまとめましたように、日本の明治体制の工業化というのは、農業を前に進まなくさせておいて、そこで浮いた資金を工業に振り向けるということで成り立っていました。「農業も工業も」というのは非常にむずかしい。したがって、小作料を軽くすると、ストレートに工業化の遅れを招いてしまいます。これもまた植民地化の危険を増大させるということになります。低賃金をやめたらどうか。低賃金というのはどういう意味があるのか。低賃金を保てば保つほど儲けが大きくなる。当然のことです。儲けが大きいということは、工業が自分の力でどんどん伸びていけるということです。儲けはまた生産に投げ返されて、そこで次の生産をいっそう大きくするという使い方が可能です。したがって、低賃金というのは企業にそれだけ多くの儲けをもたらし、その儲けの中から工業をさらに成長させる元手がでてくる、こういう働きをしてきました。それを国内の市場を広げるために賃金を増やすということをやったら、工業が自分

日本は外国市場はほしいが
手に入れるだけの「競争力」をもたず,
競争力のなさを補うために
武力を使って他国を植民地化した.

の力で成長という道を断ってしまいます。

そんな道を選ぶわけにいかないから、残された道は、日本の国外に物を持ち出してさばく、「外国市場」ということが必然的にでてきます。ところが、ここでまた問題がでてきます。外国の市場が欲しいけれども、当時の日本の経済には外国の市場で自由競争をして勝てるだけの力がない。自由競争は何が決め手になるか。最大の決め手は価格です。どれだけ価格が安いか。もう一つは品質がどれだけいいか。同じ品質であれば価格が安い方が競争に強い。ところが当時の日本の製品は品質で十分に太刀打ちできない、価格も決定的に安いという状況にはない、そういう非常に不利な状況でした。自由な条件で国際競争をやったらとても堪えられない。つまり売れない。どんなにがんばっても工業製品は国外ではさばけないだろう。じゃあ、どうするんだ、とその次に問題が移ります。

外国市場が欲しいけれども自由な競争では勝ち目がない。確実に外国に品物を売る方法はないだろうか、というとそれはあります。「武力によって外国の市場を手に入れよう。」つまり、よその国を植民地にしてしまう、というやり方です。さきほどから強調してきたように、日本の国自体に植民地化の危険がありました。それから免れるために日本がたどりついた道というのは、逆によその国を植民地化する。攻撃は最大の防御という言葉がありますけれども、植民地化を免れるために他の国を植民地化する、そういう選択肢が必然的な方向としてでてくることになります。具体的には中国あるいは朝鮮、こういうところ

市場としての中国の魅力.
みんな欲しいが手が出せない.
飢えた日本がノコノコと.

を植民地化していったのです。

中国については、じつはたくさんの先輩の国が植民地化の機会を狙ってひかえていました。イギリスもフランスもアメリカもロシアも。広大な面積と大きな資源、そしてたくさんの人口を抱えている。「原料の供給」という面から見ても、「工業製品の市場」という面から見ても、世界一魅力のある国です。中国はいまでもそういう性格を持っています。取引の相手として非常に重要であるというのは、いまでも変わってない。それが当時の状況ですから、なんとかして自分の国の支配下に置けないだろうか、ということをみんなうかがっていました。ところが列強がみんなほしがって、にらみ合った状態になって、お互いに動きがとれない。だれか動くと、それに対するリアクションが怖くて動けない。中国ではそういうすくんだような状態がくり広げられていました。しかし、その時の日本は植民地がどうしても必要だという状況になって、もうそんな状況にかまっていられないということで、植民地ほしさにつられて中国に進出していってしまいました。日本と中国という歴史的な関係、地の利、さまざまなものが後押しをしました。しかしもっとも強い動機は、いまいったように、日本はその時まったく外国市場を持っていなかったという、決定的な制約です。だからそこで植民地を手に入れられなければ、日本の工業化、先進国に追いつくという道は断たれてしまいます。ですから、少しぐらいこわくてもとにかく入ろうという判断が働いたはずです。しかし、実際に行動を起こすと国際的にリアクションが広がっ

第一次世界大戦も第二次世界大戦も
資本主義の論理による植民地獲得の戦い

ていきます。

結局、対立関係が強くなって、それが戦争に至るという状況になります。たまたまヨーロッパでは、ドイツとイタリアが日本と同じような植民地獲得の動機を強めていました。二〇世紀の初めにドイツは一度、植民地の獲得行動を起こして、それが原因で第一次世界大戦が発生しました。そしてドイツは敗けました。しかしまた植民地獲得の願望がドイツに強くなりました。これは個人の意思の問題ではありません。資本主義という経済の資質、少なくともそれが一定の水準に維持されようとするかぎり、必ずそういうものが必要になってしまいます。それがもとになって、さまざまな動きがそれぞれの国にでてきました。ドイツではナチスが台頭します。なぜナチスなのか。個人のたまたまのものの考え方の問題ではありません。ドイツという資本主義経済の抱えていたその時の状況、その時の必要が背後にあって、それをかなえてくれる政党、集団、そういうものがだんだんと力を持ってくるということであったと思います。日本のいわゆる軍国主義というのもまさにそうです。そういう方向が日本の経済の発展の必要としてでてきます。そうすると、その必要をどうやってかなえるか、というために必要な有効な働きをする役者が歴史の舞台に登場してきてしまうのです。それが軍部であり、財閥であるということです。だから趣味や思いつきのレベルの問題ではありません。一つの歴史の流れとしての必然性がそこに働いていると考えなければいけないだろうと思います。そんなことで、結局、第二次世界大戦となり、ドイツもイタリアも日本も敗けてしまうという状況になります。そしてヨーロッパもアジアも、とくに日本も一つの時代を終えるということになります。日本はこれを契機に、「第二の改革」に向かうということになります。

「太平洋戦争」は近代日本の第二の崩壊,
つまり「明治体制」の崩壊.
日本の「無条件降伏」が戦後の経済を方向づけた.

第5章　戦後の諸改革が日本経済の方向を決めた

日本が戦った第二次世界大戦、つまり日本にとっては「太平洋戦争」という形をとりますが、これが日本にとってどういう意味を持っていたのか、ということを考えると、いろいろな次元でこれをつかまえることができると思いますが、一つは、こんなふうにして「明治体制が崩壊する」という出来事であった。まさに日本の歴史の上でもっとも「壮大な崩壊」が起こったはずです。なぜ日本はそれほどまでして壮大な崩壊をすることになったのか。裏返せば、そういうふうになるほどこの戦争が日本にとって重要であったということの証明だろうと思います。それは「植民地の獲得」という一点で説明できると思います。だからこそ日本にとって太平洋戦争というのは、絶対に「簡単に諦めてはいけない戦争」という性質を持ってしまった。「最後の一兵まで戦う」というスローガンがあったり、ある

アメリカの占領政策の基本は
「日本にふたたび戦争をさせない」.
そのために日本を「民主化」する.

いは「欲しがりません勝つまでは」といってがんばった。とにかく「凄絶な戦争」をすることになります。歴史をひもとくと、一般に戦争の歴史というのは一種のゲームみたいな形で行われてきました。そんなに徹底的に戦わない。ゲームのように、ちょっと不利になるとそこでもう戦いをやめて、交渉して手を打つ、という戦争のスタイルが一般的です。ところが日本のこの戦争は、もう徹底的にやってしまった。完全に「刀折れ、矢尽きる」まで戦った。その結果が「無条件降伏」です。判定敗けではなく、ノックアウトです。戦勝国のいうがままにならなければいけなくなったのです。このことが、戦後の日本経済のあり方を決定的に左右することになりました。

ここでは、戦後の日本経済がどういうふうにして形成されたのか、という経緯を跡付けるということになりますが、さきほど来、強調しておきましたように、戦後の日本経済の出発点を決めたものは戦争の結末です。つまり明治体制というものは、根源的に崩壊せざるをえなかった。このことが戦後の「第二の改革」のあり方を決めました。

一つはすでにお話ししたように、徹底的に戦争をやってしまい、終戦の交渉に何の条件も付けられなかった。相手のいうとおりの措置を戦後の日本は講じなければならないはめに陥りました。アメリカは日本に何をさせようとしたのか。「日本がふたたび戦争をはじめないようにさせたい」。具体的にはどうすればいいのか。一つはリーダーが戦争に向かって舵を切った時に国民がチェックする、待ったをかける、その機能がなかった。だからそれ

「日本の民主化」の最大の眼目は「小作制度」の解体

をつくる必要がありました。これは政治のシステムとして、いわゆる「民主主義」を日本にちゃんと植えつけるという形になって現れました。憲法までまったく入れ換えてしまった。ある意味では屈辱的なことでした。ですからいまでも政治家の一部や国民の一部には、「いまの日本国憲法は屈辱的なものだ」という受けとめ方があります。「だから憲法をつくりなおさなければだめだ」という主張がでてきます。

それはいまは置くとして、もう一つの戦争へ向かっての歯止めは何か。それには日本の経済のあり方、枠組みを変えなければいけない。とくに「小作制度」というものが日本が対外進出を強行した要因のなかで重要な意味を持っている。小作制度をなくす必要がある。「小作制度のもとでは農民の大部分が耕地面積五反以下の零細農民であり、地主に支配されている。経済的に自立できない。発言する力もほとんどない」という分析をアメリカはやっています。それは非常に正しい客観的な分析であると思います。小作制度の解体を日本にやらせよう。どういう手続きでやらせればいいか。まず日本の政府が自発的にやるということが重要だとアメリカは考えました。一般に戦争で勝ってその国を支配しますと、乗り込んでいった支配者が直接に前面に出て、やりたい改革をやってしまうというスタイルが多いのです。日本がアジアの諸国に進出して、それを治めはじめた時も、だいたいそういうスタイルです。しかしこれはうまくいかない。一番いいのは、その国の国民はその国の人たちの手で治めるということです。アメリカはそういう賢明な方策をとります。

GHQ（連合国軍総司令部）の実態はアメリカの組織.
GHQは日本政府に農地改革を指示.

アメリカ、アメリカといっていますが、名目的にはアメリカだけではなく、イギリスやフランスやソ連も入った「連合国軍」が日本を占領しています。そしてその最高の意思決定は、「連合国」代表の集まりである「対日理事会」が行うという形をとります。しかし圧倒的にその中で重要な役割を果たしてきたのはアメリカでした。占領していた軍隊はアメリカの軍隊でした。名目は連合国軍という名前を使っていましたが、アメリカの軍隊です。ですから、アメリカ軍に占領され、アメリカの統治下に置かれ、アメリカの意思によって日本の占領政策としての改革が行われた、というのが実態です。だから言葉としては、アメリカという言葉が登場してきても無理はない現状でした。そこで日本を統治すべく設置された機関がGHQ、「連合国軍総司令部」という組織でした。これがすべて日本の占領政策を実行するという役割を負います。GHQが日本の政府に対して「農地改革」をやる必要があるという意思を伝えます。そして日本の政府は、「わかりました。自分たちでやります」と引き受けました。

これが「第一次農地改革」ということになります。その時にどういう方針が決まったのか。旧地主の土地を小作人に確実に提供させよう、そういう方針が打ち出されました。一定の基準を設定して、その基準に従って農地を小作人に譲渡するという案をだしました。細かな内容についてはここでは触れません。大まかな流れにとどめたいと思いますが、もともと日本の農業を司っている農林省の中には、戦前から農地改革が必要だという考え方

日本の政府は「小作制度」を完全になくすつもりはなかった.

がありました。つまり、明治に生まれた小作制度というものが明らかに時代にそぐわない、ブレーキになったということを、農林省の人たちはずっと前に気がついていました。ですからもっと時代に合った改革をしないといけないと考えていたのです。そこに戦争が終わって「農地改革をやるべし」というＧＨＱの方針が伝えられます。自発的にやるために、農林省部内に前からあった、農地改革をどうやってやるかという案がたたき台になって、政策が決められました。その政策を見ますと、日本の政府は本当は小作制度をなすくつもりがなかったということがわかります。

小作制度は残す、ただしそれまでのものをそのままではなくて、時代に合ったものに改良する。小作制度をなくすのではなくて、「小作制度を改良する」というのが政府の当初の考え方でした。例えば、いままでは物で納めていた小作料をお金で納めるようにしよう、という考え方とか、あるいは農地委員会という組織がそれぞれの地方にあって、いままでは地主しか資格がなかったけれども、小作人の代表も農地委員に選ぼうという案を出したりした。そうすると、明らかに政府は小作制度をなくすという前提には立っていないということがわかります。つまり、徹底的な農地改革は政府の自発的な政策としては行われそうになかったということになります。これが戦前からあった「農林省案」をたたき台にしてでてきた最初の農地改革の案です。「第一次農地改革」と呼ばれていますが、これが実際に実行されるべく国会に法案が提出されます。しかし、その時の国会議員の大部分は地主

「第一次農地改革」は
ＧＨＱの圧力によってようやく実現、
それは抜け道が多くて実が上がらなかった。

階級の出身で、地主階級の代弁者です。大きな勢力を持っています。自分たちに不利になるということは明らかですから、この農地改革法案に反対します。法案が国会を通過しないという状況がでてきます。さきほどお話ししたフィリピンなどにおける農地改革のむずかしさというのは、じつはこのことです。法律を作って国会に提出したら反対されてしまうのです。そこで決定的な力になったのが占領軍の強い支配権です。占領しているということは、日本の国家を超える強い権力を持っています。そしてＧＨＱの声明が発表されます。「農地改革はやらなければいけない」という「覚書」が出されます。これで国会議員の反対派は動きが取れなくなってしまいました。法案が通過します。農地改革は実施されました。第一次農地改革です。

しかし、そんなにまで強権発動して実行されたこの第一次農地改革が、どれほどの実が上がったのかというと、ほとんど実は上がっていません。法律自体が抜け道の多い法律でした。例えば、「不在地主」という考え方があります。不在地主の概念というのは、地主が持っている土地が自分の居住している行政区域の外にあるとき、例えば私が東京に住んでいて自分の農地は水戸市にあるというように、別のところに農地があるときに不在地主という言い方をします。つまりその土地と同じ市町村に住んでいないということです。農地改革で土地解放の対象としてまっ先に上がってきたのが不在地主でした。じつはその当時、日本中のかなり多くの農地が地主は都市に住んでいるという状況でした。ですから農業と

ＧＨＱは日本政府に農地改革のやり直しを命じた.
第二次農地改革＝小作制度消滅.

しては直接何の関係もない、そういう人たちに真っ先に土地を解放してもらおう、という もっともな趣旨でした。ところが、「不在地主の土地は譲り渡さなければいけない」という規定を設けたけれども、「ただし、隣の市町村に住んでいる場合は不在地主とみなさない」という条項を入れてしまったのです。不在地主のかなりの部分が隣接市町村に居住しているケースが多かったのです。

そんなこんなで、改革案そのものは立派だったけれども、いわゆる換骨奪胎ということでみんな骨抜きになって、ほとんど改革の実が上がらないという結末を迎えます。これが農地改革の多くのケースです。農地改革のごく普通の結末です。ところが日本の場合は、それでは収まらなかった。アメリカが承知しなかったからです。やり直しを命じたのです。また声明が発表されて、今度はどういう基準でやりなさいというふうに直接、具体的に指示された。ＧＨＱの指示した基準は実にきびしいものでした。一切の抜け道を断つものでした。

それで第二次の改革が実施されました。これは大きな効果がありました。結局、日本の小作制度というものがほぼ完全に消滅したのです。これは改革としてそうとう徹底的なものでした。とくに何度も繰り返していいますが、農地改革のあり方としては世界で例を見ない、実のある徹底的なものになったのです。その結果、「小作人」が日本から姿を消す。農民というのは全部自分の土地をちゃんと持ち、自分の判断で農業経営をする「自作農」

農地改革が日本の国内市場を広げはじめた.
日本経済は国内市場に依存した
自己完結的成長システムを手に入れた.

であるという状況がようやくできあがったのです。

これによって何が変わったのか。さきほど、日本の国内市場がなぜ狭かったか、なぜ物が売れなかったかという話をしました。その状況がこれによって完全に変わったのです。日本の国内市場が広がりはじめました。一挙に広がるのではありません、徐々に広がったのです。しかし確実に広がっていきます。そういうスタートラインが作られたということになります。農民は小作料を納める必要はない。自分が一生懸命米を作って、それがほとんど自分の手元に残るのです。日本の歴史上そういうことがはじめてできました。多少税金を納めるけれども、安い税金です。自分の努力が全部自分のふところに入るという画期的な状況になります。農民のふところ具合がよくなります。物をだんだん買えるようになります。商品経済の中にどんどん登場してきます。

一方で賃金をもらって生活している人たちはどうだったろうか。こちらの方も改革が行われて、「労働の民主化」と呼ばれる措置がとられます。これは労働者の基本的な権利というものが法律によって保障される。「労働基準法」、「労働組合法」、「労働関係調整法」などの法律が作られ、労働者の立場が守られるようになります。労働組合をつくってもよろしいということで、「賃上げ交渉」が可能になる。賃金が確実に上がる。農民の地位向上と相まって、日本の国民全体が、いってみれば上昇気流に乗りはじめたということになります。

一方で工業の生産がだんだんと復活をする。そして生産が増えていく。そしてどんどん

日本は「貿易立国」——
その真の意味は「輸出立国」ではなく「輸入立国」.

工業製品が生み出されても、それを日本の国民がどんどん買い取る。日本で生産された物が基本的に日本の国内でさばける。いうなれば、「完結した経済のシステム」が形成されてきました。もちろん、まったく完結されていたのではありません。日本の経済というのは、明治以来、原材料を外国から輸入しないと動かない、そういう輸入依存の体質を持っています。日本は「貿易立国」だとしばしば教えられてきました。この場合の貿易立国という意味は、しばしば「日本にとって大切なのは輸出をすることである」と教えられてきました。それはそれでまちがいではないだろうと思います。しかしもっと基本的なところでつかまえる必要があります。

日本はなぜ貿易立国なのかというと、原材料の非常に重要な部分、それから技術にしてもそうですが、これを外国から輸入しないと、とにかく経済が動かない。いまもっとも重要な輸入物資というのは石油です。日本の経済を支えているエネルギーのもとです。ですから輸出が大切なのではない。じつは輸入が大切なのです。輸入が止まったら経済そのものがストップするのです。したがって日本が戦争をするということは致命的なことになります。そんなことは戦前のリーダーたちは百も承知だったはずです。知っていたけれども止むに止められない、そういう状況でした。戦争したらもう終わりです。一日か二日ならいいですけれども、長引いたら日本は終わりです。

貿易立国という意味は、したがって輸入が大切だということです。輸入をするためには

高度成長期の日本経済は好景気になると輸出が減って輸入が増える.

輸出をしてお金を稼がなければいけない。だから結論としては、「輸出が大切だ」という表現がでてくるのです。だからそれはまちがいではないのです。輸出を一生懸命やって海外に売れるものを作りましょう。そしてドルを稼いで、そのドルで鉄鉱石を買ったり、原油を輸入したり、ということをやらないと日本の経済が回らない、そういう体質を伝統的に持っています。ですからさきほどいったように、日本の国内市場が上昇気流に乗ったということであるけれども、完全に日本の国内で独立した経済の動きが可能だ、という意味ではまったくありません。戦前の状況と比較すると、戦前は日本では売れないからどうしても外国に売ってつじつまを合わせないと経済が回らなかったのです。けれども戦後はそうではなくなった。基本的な引き受け手が日本の国民になったのです。

したがって、高度成長期にどういうことが起こったかというと、景気がよくなると日本の輸出が減ってしまう。なぜ景気がよくなると輸出が減ってしまうのか。いまの感覚からすると理解できませんね。景気がいいということは、物がどんどん作られていきます。そうするともっと物を外国に売ることができるはずです。なぜ減ってしまうのだろう。この理由は、景気がよくなると、みんなの収入が増えますから日本の市場が広がります。そうすると日本で十分さばける。だから外国にまでめんどうなことをして輸出する必要はない、そういう構造が出てきたのです。ですから経済成長するのに、国内市場が支えてやればちゃんと成長ができる。そういう体質をはじめて持つようになったのです。景気がよくなると

景気が過熱する前に「国際収支の赤字」というドクターストップがかかる.

輸出が減ってしまう。逆に景気がいい時には輸入が増えてしまうのです。なぜかというと、物をいっぱい作ると原材料がいる、石油もたくさんいる、ということで景気がよくなると、輸出が減って輸入が増える。ということは、支払い代金はより増えるけれども、それを稼ぐための輸出が落ち込んでしまう。稼ぎが減って支出が増える。対外関係はそうなります。

これを数年続けるとどうなるか。「外貨」と呼ばれる「貯金」がなくなってしまいます。稼がないのに海外にどんどん払っているのです。貯えておいた貯金を崩しながら海外から輸入した物の支払いをする。これは長く続きません。だんだん対外的な収支が苦しくなる。これが「国際収支の赤字」ということになります。輸出によって稼いで入るお金よりも、輸入して支払う代金の方が多い。そうすると、これは大変だということでドクターストップがかかります。政府が景気の引き締め政策をやる。水をかけます。そうすると少し日本経済の活動がゆっくりになって、日本の市場で物が充分売れなくなる。日本で物がちょっと売れなくなると「輸出しようか」ということで輸出が増えてくる。逆に原材料の輸入は減ることになります。したがって、支払いのお金が少なくなる。海外から輸出で入ってくる代金は増えはじめる、ということで国際収支が黒字になります。こういう状態を「ストップ・アンド・ゴー」という言葉で表しています。赤信号で止まっている。ちょっと止まっていると青信号に変わるから、また一生懸命走り出す。また走っていくうちに赤信号がついてしまう。じゃあ、また止まっていようか。また青信号で走り出す、というようなこと

高度成長の結果，日本経済の競争力が強まり「ストップ・アンド・ゴー」は解消された．

を高度成長期に数回繰り返しています。このストップしている時というのは、いわゆる景気の循環の波からしますと不況です。けれどもこの不況というのはたいしたことはありません。手綱をちょっと絞っただけであって、ゆるめるとすぐ走り出す。こういう景気の波を日本の経済は高度成長期に繰り返しています。

ところが、そういうことを繰り返しているうちに、高度成長期の末期になりますと、景気がどんどんよくなるのに赤信号がつかなくなってしまいます。なぜだろうか。日本の生産量はどんどん増えました。しかも日本の製品の品質が向上し、コストが下がります。つまり高度成長期の末期になりますと、日本の工業製品は世界のどこに対しても通用するという強い競争力を持つようになります。そうするといくらでも輸出できます。国内でも売れるし、外国でも売れます。かつては国内で売る方が簡単でした。「囲いこまれた市場」です。そして外国に売るには、無理をして売らなければいけない。つまり日本の国内では比較的高い値段で売れます。競争相手を排除します。しかしアメリカに輸出する場合は、ドイツとか、イギリスとか、いろいろ競争相手がいます。それと競争しなければいけない。当然、競争して太刀打ちできる価格というのがありますから、価格を安くしなければいけない。この時期、日本の輸出品メーカーはほとんど輸出価格と国内価格というのを使い分けています。これは一種の「二重価格」です。

結局、考えてみると、日本の国民は企業がうまく輸出できるように、より高い製品を買

高度成長期日本企業は安い輸出価格と
高い国内価格という「二重価格」体制をとった.

わされていた。例えばカラーテレビが日本で買うと一五万円するが、アメリカに輸出するのは一〇万円にする、というようなことが行われていました。ですからかつては日本で売っているのと同じ製品を、アメリカに行って買ってくると、日本で買うよりも安く買える。そういうものはいくらでもありました。テレビを背負って帰ってくるわけにいかないからむずかしいけれども、小さなもの、例えばカメラだとか写真のフィルムだとか、アメリカの方がずっと安い。わざわざ運賃をかけて送って、コスト的には本当は高くならなければいけないのに、アメリカの小売店で売られている日本のカメラは日本の小売店で買うよりも確実に安い。だから旅行者が一時期はたくさん買って帰ってきました。わざわざ買いに行くと高くなるから、行ったついでなら頼まれて買ってくるとか、簡単なことです。なぜそんなことができるのか。もうはじめから輸出の価格が違うからです。これはじつはダンピングです。いまこれをやったら、アメリカは大変です。ダンピングだということですぐ提訴します。アメリカは調査して二重価格というのはすぐわかります。そうしたら日本の製品に関税をかけます。いまでも時々そういうことがあります。日本のメーカーはそんなことはやっていないと抗議しているけれども、アメリカはいま非常にきびしくなっています。しかしかつてはアメリカは鷹揚でした。明らかにダンピングをやって日本の工業製品を売っているのに、それに文句を言わなかったのです。つまりアメリカはそれだけまだ体力があったからです。ですから、いいじゃないか、ということで、日本はそれをいいこと

生産性が上がりコストが下がると「二重価格」の必要がなくなる.

に、国内では高い価格、海外には安い価格と、同じ製品で平気で使い分けていました。

したがって、さきほどの話に戻りますが、ストップ・アンド・ゴーの時も外国に輸出したくないのです。なぜか。儲けが減ってしまうから。一〇万円で売るのと一五万円で売るのと、メーカーにとっては一五万円で売れた方がいいからです。だから国内で売って、余計に儲けた方がいいのです。だから景気がよくなると、すぐ輸出を減らして国内に振り向けてしまう。国内で売れない分は外国に売る。いってみれば、国内市場の尻ぬぐいみたいなことを輸出でやる。しかしだんだん日本でも一〇万円で売れる、アメリカに持って行っても十分に一〇万円で売れる、というようなコスト引下げの状態がでてきます。より安く売れるということがでてきます。そうなると国内の景気がよくなっても、外国に輸出する量が全然落ちなくなってきた。なぜかというと、どっちでもいいからです。一〇万円で売れるからです。かつては日本の国内では一五万円で売らなくてはならない。けれどもアメリカには一五万円では高すぎて輸出できない。だから一〇万におさえたのです。したがって、こちらは日本で売れれば輸出したくない。

しかしコストが下がって、一〇万円で両方とも売って十分儲かるということであれば、国内市場と外国の市場の区別がなくなってくる。とにかく売れるだけ売ろうということになってくると、当然、景気がよくなっても輸出が減らない。いつまで経っても減らないということで、赤信号が灯らなくなってきます。かつてストップ・アンド・ゴーの時は、政

好景気でも輸出は減らず「赤信号」がつかなくなり
日本経済は暴走（過熱）しはじめる.
昭和40年代後半のバブル経済は石油危機によって崩壊した.

府の経済政策はじつに簡単だったのです。自分で考える必要はない。頭を使わなくても国際収支を見ていればいいのです。国際収支の勘定が赤字になっている、そうしたらブレーキをかければいいのです。しかし今度は赤信号がつかなくなった。つかなくなったからといって、何もしないで見ているとどういうことになるか。どんどん経済のスピードが上がっていきます。そのまま本当に何もしなかったら暴走してしまう。つまり、景気が過熱するという現象が起こります。景気が過熱して、結局、墜落してしまう。そういう自然にだめになるというところまで放置すると、立ち直るのが大変です。ですからどこかでブレーキをかけるということになりますけれども、そのブレーキをかけるタイミングというのはじつはむずかしいのです。ブレーキをかけると必ず景気が悪くなります。政治的に考えると、じつは景気を悪くしたくない。景気が悪いと、いずれにしても評判が悪くなります。自分の収入も減るだろうし、政治献金も少なくなってしまう。そういうことがあるから、ついついブレーキをかけにくくなってしまう。政治家もそうだし、官僚もそうです。ということで、その悪い面が昭和四〇年代の後半にでてきてしまいます。ここで物価がどんどん上がり、そして土地投機のブームが起こる、いわゆる「バブル」が起こったのです。そのバブルのさいちゅうに「オイルショック」が起こって、結果的にはそのせいでバブルが崩壊して、それを契機に日本の経済は高度成長をやめてしまうということになります。

そんなことで、「農地改革」と「労働の民主化」という改革が相まって、日本の最大の

もう一つの経済改革.
「財閥解体」は農地改革・労働民主化に較べて
不徹底に終わった.

ネックであった「市場の問題」、市場の狭さというものが解決されます。そしてまたまた強調しておきたいのは、この戦前の日本経済の最大の弱点を改めるのにつながった二つの改革というのは、日本が「無条件降伏」をしなければできなかったという種類のものです。

経済面の改革というのは、じつはもう一つ行われています。これもそれなりに重要です。「財閥の解体」です。なぜ財閥解体なのかといいますと、「戦争を遂行した張本人」だというのがアメリカの言い分でした。軍部を使って中国大陸に進出をした、そういう関係があります。財閥というのは、じつは日本の工業化の担い手です。明治政府が進めてきた工業化政策を実際に実行したのは、「三井」とか「三菱」とかの「財閥」でした。ですからいままでお話ししてきた市場の問題、いかにも市場が足りない、ということを現場で感じたのはこの財閥です。結局、「海外だ。植民地だ」という方向がでてきてしまうのです。ですから戦争の張本人を存続させてはならない、ということで解体させられることになります。

しかし結果的にみますと、日本の財閥解体というのは徹底したものではありませんでした。農地改革とちょうど反対です。なぜ徹底したものにならなかったのかといいますと、当初のアメリカの財閥解体の方針というのは、かなり徹底したものでした。日本には大中小、たくさんの財閥がありました。地方財閥までありました。そういうものが全部ターゲットになります。だんだんにこれをつぶしていこうという方針を当初持っていました。しかしそれが実行されはじめた段階で、世界の情勢が一変してしまいます。いわゆる「冷戦体

米ソが対立する「冷戦体制」は日本の国際環境を激変させ「財閥解体」を尻すぼみにした.

制」という状態ができてしまいました。

ご承知のように、第二次大戦というのは日本とドイツ、イタリアが枢軸国ということで共同して、アメリカ、フランス、イギリス、そして中国、ソ連が連合国という形で戦争をしました。したがって、アメリカとソ連は日本と戦った仲間でした。日本を共に占領するという位置づけになっていました。ところがアメリカの体制とソ連の体制は違います。なかなか相いれない。アメリカは絶えずソ連を警戒しています。ソ連はアメリカの意図を探ってなかなか信用しない、という対立、反目の関係が戦争が終わるとすぐでてきてしまいました。結局、ことごとく米ソの政策が対立して、もう一緒にやっていけないというような状況になって、時のトルーマン大統領は「反共宣言」(「トルーマン・ドクトリン」)というのをやります。つまり、「これからの敵は日本やドイツではなく、共産主義である。共産主義の脅威から仲間の国を守る必要がある」という「反共政策」を打ち出します。直接のターゲットはソ連ですが、中国も北朝鮮も対象になります。ソ連は「南下政策」というのをとっていて、どんどん南の方に勢力を拡大し、中国もじつはそうです。中国の次の南というのは日本です。

したがってアメリカからすると、ソ連の南下政策をくい止めるために日本の位置が非常に重要だということになります。当時、アメリカの軍の要人が、「日本を共産主義の防波堤にすべきだ」という演説をしています。日本を共産主義の防波堤にというのは、よく考えてみると二つの意味があります。一つは地理的に南の方にくると、日本のところで堤防を築いて防ぐ、という地理上の防波堤という意味があり、もう一つは経済の面で日本をもっとテコ入れして、日本が共産化しないようにしていかないとだめだろう、という判断です。現に貧しい国ほど共産化しています。これは植民地などがこぞって共産主義の体制になだれこんでいったということです。ですから当初のアメリカの占領政策にしたがって、日本を徹底的に叩くと、日本は必ず経済の立ち直りが遅れます。そうすると貧しくなります。そこでアメリカに対する反発が出てくるでしょうから、背を向けて共産主義の方に走っていく、という可能性がありえたのです。そんなことをさせたら大変だということで、途中から手綱をゆるめます。占領政策を転換します。その最大の象徴が財閥の解体です。途中でやめてしまうのです。はじまったばかりでやめてしまいます。「日本の財閥解体は終わった」ということを、突然、アメリカの方で発表します。何も終わってないのに終わったという発表が行われる。一体何のことだろうか、と当時の日本人は疑ったのです。しかし国際情勢がそうさせたのです。結果的にはそれが日本の経済的な立ち直りを速めたといえるだろうと思います。

結果としての評価は、農地改革と比較すると、それほど前向きの改革とはいえないだろうと思います。ですからそれが途中で終わってしまっても、それほど悪い影響というのは、後に残らないということです。もし、農地改革が第一次農地改革という途中で終わってしまったらどうだろうか。さきほど申し上げたように、これは非常に大きなマイナスが残っただろう。つまり農地改革というのは、改革のあり方として、それ自体が非常に前向きな性質です。封建的な制度をなくして新しいものに切り換えていく。ですから途中でやめてしまうと、封建的な色彩が残ってしまいます。そしてその次には、それをなくすための改革が必ずいつか行われなければいけないということで、また一つ手間というか、ステップが余計にかかるということになっただろうと思います。

戦後日本経済の最大のポイントは
市場構造の変化.

第6章　戦後の日本経済はなぜ高度成長したのか

そんなわけで市場が確実に広がりはじめました。もう一つの重要なポイントを高度成長の問題としてあげますと、日本の国民が経済成長に必要な資金をみずからつくりだす能力を持つ、ということが非常に重要だろうと思います。現在の発展途上国の中には、自分の国の経済を発展させたり成長させたりするための資金を自分たちで作れない、という国民が非常に多いのです。それと比べますと、日本の国民というのは伝統的に自分の国の経済発展、経済成長に必要な資金を自分たちで生み出す能力があります。これはどういう能力かというと、できるだけ消費を抑えて、使わないで、残していく。そして残した分を成長の資金、発展の資金として使う。つまり、よく「貯蓄」をするという性質を持っています。これは戦後の特徴にとどまりません。じつは明治からずっと続いている、あるいはもっと

日本経済は伝統的によく貯蓄する性質をもつ.
それが「自前の経済成長」を可能にした.

遡って江戸時代といっていいだろうと思います。その元というのは、やはり日本の農業が江戸時代にすでにそうとうな余力をつくりだす力を持っていたということです。年貢米を納めて、働きもしない武士をちゃんと生活させる力を日本の経済が持っていた。そのことが明治になってもちゃんと引き継がれて、結局、国民は生活をするのに自分で稼いだお金を全部使う必要がない。いろいろ無理をして貯蓄をするにしても、じつは逆立ちしても貯蓄できない国民もたくさんいるのです。しかし日本の経済の状態、国民の状態というのは、無理をすればかなり貯蓄できるだけの余裕を、経済そのものが伝統的に持っているということです。したがって、日本の貯蓄率は世界でトップクラスになります。

図11は、家計単位の貯蓄率がどのような状態になっているか、ということを示しています。一九六〇年のデータです。一九六〇年というのは、ちょうど高度成長がはじまった時期で、高度成長の要因として貯蓄率というものが一体どういう役割を果たしているか、というのを知るのに重要な時期です。いろいろな国が並んでいます。日本の貯蓄率というのは、約一七パーセントという高さになっています。つまり一〇〇の「可処分所得」がありますと、その一七パーセントを貯蓄に回すということです。アメリカとイギリスがちょうど対照的になっています。アメリカの場合は五パーセントぐらい、イギリスの場合は六パーセントです。いずれにしてもアメリカ、イギリスは五、六パーセントということで、主要国の中ではもっとも低い。イギリスの場合は社会保障が比較的整っていました。したがっ

日本の「家計貯蓄率」は世界一高い
——これが「高度成長」の源泉.

図11　家計貯蓄率の国際比較

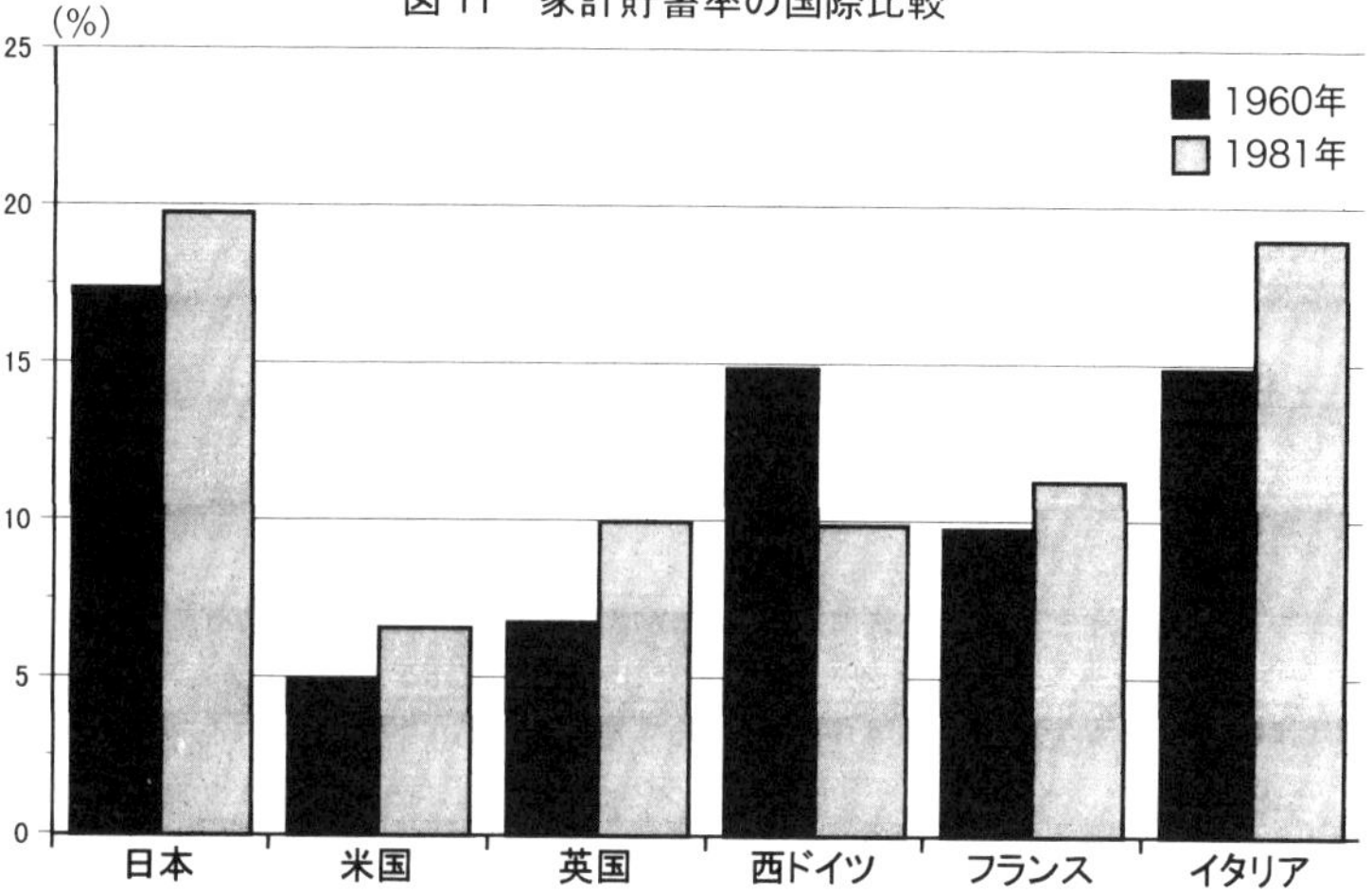

1　家計貯蓄率＝家計貯蓄／家計可処分所得
2　イタリアの数値は、それぞれ1963年と1980年のものを使用
3　日銀『日本経済を中心とする国際比較統計』（各年版）より作成

て一生懸命貯蓄をしなくてもまあまあ生活できるという状況で、貯蓄動機が弱いということです。アメリカの場合は、所得の低い層、とくに黒人を中心とした所得の低い層がたくさんいて、白人の所得は高いし、貯蓄率も高くなっているということになるのですが、黒人の方はほとんどゼロ貯蓄であるという状況で、一緒にしたデータというのは、こんなふうにアメリカ人というのは貯蓄をしないのだ、というデータがでてきます。けれども、これを日本人の感覚でそのまま読み取ってしまうと、判断を誤ります。日本人の場合は一つの共通のパターンといいますか、共通の国民性というようなものが描けます。したがって、例えば日本

国民の貯蓄率が高ければ「自力本願」の経済成長が可能

の家計の貯蓄率が一七パーセントというと、だいたい日本の人たちが平均的にそういう貯蓄の行動をしていると読み取ってまちがいありません。しかし、ことアメリカに関しては、そういう標準としての行動というのが非常に読み取りにくいということになるわけです。

貯蓄率が重要だということは、結局、高度成長を支える一番重要な要因だからです。国民がその成長のもとになるものをつくりださなければ、結局、外国からそれを導入してくるしかない。これは戦前の状態でいいますと、即「植民地」を意味します。金を出すならばそれは植民地にするというのが戦前の通常のあり方であって、したがって、独立を保ちながら経済を発展させるためには、自国の国民が資金をひねりだして、それで経済を成長させていく、ということがどうしても必要になります。戦前から貯蓄の面では高度成長の条件を日本は持っていました。しかしその条件を活用して、戦前、高度成長をしはじめたけれども、結局、物が売れていかなかった。この「市場の問題」で日本は戦前、挫折を迎えます。戦後は、さきほど強調したように、これが一変して解決するということで、自分の力で資金をひねりだし、そして生産された物を自分で消費するという、いってみれば「自己完結型の経済発展」というものが実現することになります。なかなかこういう状況に到達するのはむずかしいことなのです。アジアの国がこれができないで伸び悩んでいます。資金を外国から導入するということをやっています。しかしちょっと風向きが変わると、外国の資金というのはすぐ逃げていってしまいます。そうすると韓国が陥ったような通貨

「外貨」に依存する「他力本願型経済成長」はリスクが大きい．

危機になります。あるいはインドネシアもそうです。外国の資金というのは気まぐれですから、すぐ逃げ出して、経済が挫折してしまうという不安定さがあります。

その点、日本の状況は相対的に安定しています。恵まれた状況です。しかしその恵まれた状況というのは、じつは日本の経済に刺激をもたらさなくなって、保障された環境をつくってしまうのです。とくに閉ざされた経済の中でだんだんその活力を失っていくという状況がでてきます。それが結局、いまになってマイナスに働いて、あっちでもこっちでもほころびがでてきています。もう、ちょっとした布を当ててもどうしようもない、という状況になっています。したがって、さきほどから申し上げているように、これは明治の改革、それから第二次大戦後の改革に次ぐ第三の改革がいま必要な時期にきているのではなかろうかと、こういう結論になります。

なぜ日本の経済が高度成長したのか、ということについては、ある程度理解していただけたかと思います。つまり、もともと日本の経済に備わっている体質として、貯蓄率が非常に高いということがありました。これはさきほどの話にもでてきて、いま一二〇〇兆円の膨大な金融資産を生み出しつづけているということです。高度成長の要因に関してもう一つおさえておくことは、いわゆる「労働分配率」と呼ばれる数字があります。この労働分配率が主要諸外国に比べてぬきん出て低い、という特徴があります。日本の労働分配率はほぼ五〇パーセントです。では、「労働分配率」とは何でしょうか。

高度成長のもう一つの要因——労働分配率の低さ．主要国の中で一番低い．

まず、国民所得と呼ばれる概念があります。つまり、日本の国民が一年間にどれだけの所得を生み出したか、どれだけの物を生産したかを表すものです。国民所得というのは、日本の国民が自分たちのためにいろいろ使えるものです。その使い途は大きく分けて二つあります。一つは、「労働者の賃金」として分配される。残った部分は「企業の儲け」になる。そういう二つに分かれる性質があります。もちろん、こまかくはその利潤がいろいろ枝分かれをするという性質を持っていますが、大きな分かれ方としては、国民所得というものが賃金と利潤に分かれる。そして、その分かれ方の度合いを「労働分配率」と呼んでいます。つまり、もし国民所得が一〇〇生産されているという場合に、賃金に分配された総量が五〇であるとすると、その状態が労働分配率五〇パーセントであるということになります。日本の場合、労働分配率の数字というのは、かなり長い間、五〇パーセントという安定した数字でした。また、これは「低賃金」という状況もつくりだしていたのです。労働分配率五〇パーセントということは、残りの五〇が利潤として企業の手に入るということを意味しています。（**図12**）

他の国はどういう状況だろうか。一九六〇年の状態を中心にお話ししますと、日本が五〇パーセントであるのに対してアメリカ、イギリスの労働分配率はだいたい七〇を越えています。ドイツ、フランスがちょうど日本と、アメリカ、イギリスの中間で、六〇パーセントぐらいです。イタリアがそれよりもちょっと下がっていますが、日本よりも労働分配

労働分配率――日本50％＝高成長体質
アメリカ・イギリス70％＝低成長体質.

図12　労働分配率の国際比較

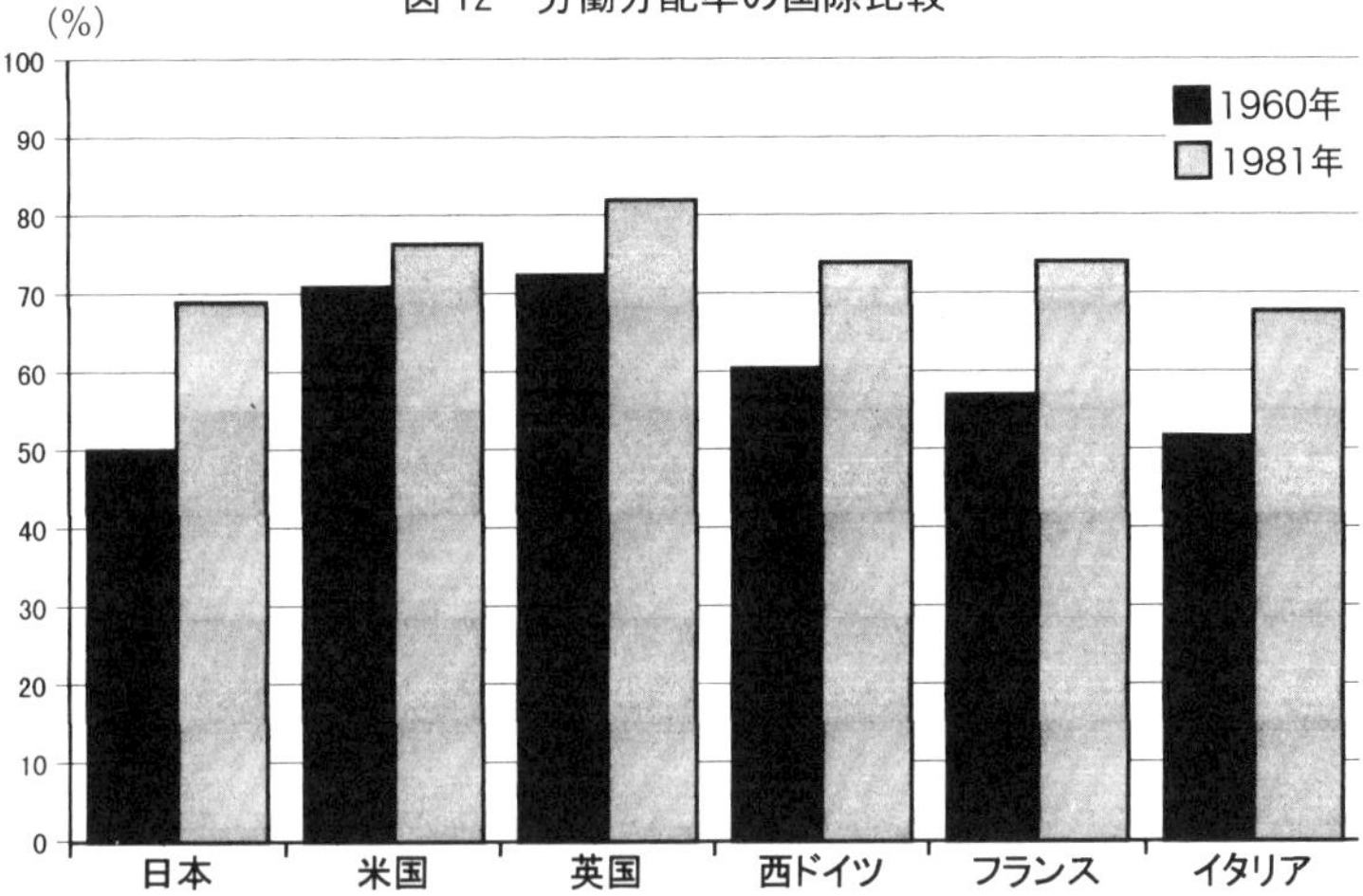

1　労働分配率＝雇用者所得／国民所得
2　日銀『日本経済を中心とする国際比較統計』(各年版) より作成

率が高い。つまり労働分配率が高いということは、賃金により多くの分配が行われているということです。これは賃金をもらう立場、国民一般からしますと非常に望ましいことです。自分たちの作った物のより大きな割合が、自分たちの方に配分されているということです。そういう見地からしますと、日本の労働分配率五〇パーセントというのは、非常に配分の割合が悪い。アメリカやイギリスの七〇パーセントというのは、非常に配分の割合が高い。

しかしこれを、どれだけ貯蓄をしているのか、つまりどれだけ利潤の部分として確保できるのか、という観点からしますと、日本は利潤の部分が五〇パーセントを占めます。それに対して

日本の労働分配率50％は江戸時代の「五公五民」に由来する.

アメリカ、イギリスはせいぜい三〇パーセントしか利潤の部分がありません。利潤の使い方というのは、消費されるよりは生産をさらに伸ばす、拡大するという使い方が非常に多いのです。したがって、労働分配率が低ければ低いほど利潤の割合が多くなって、そこから生産を伸ばすのに必要な資金がでてきやすい。したがって、アメリカ、イギリスの場合は七〇パーセントが賃金で、しかもこれは消費されてしまう可能性が強く、残った三〇パーセントで投資が行われるということになります。そうしますと、経済の成長率としてはけっして高くならない。低い成長率しか実現できない、ということになってきます。

こんなふうに、日本の労働分配率というのは主要国の中で世界一低い、という特徴を持っています。また、すでに「五公五民体制の図」で説明しましたが、この労働分配率の五〇パーセントというのは、結局、「五公五民」から流れてきている、と私は考えています。

そんなわけで、労働分配率の低さというものが、貯蓄率の高さと並んで日本の経済を高度成長させた重要な要因だということがいえます。それと需要側の要因というのは、戦前は物が売れなくて困っていました。市場が狭くて困っていました。しかし農地改革や労働の民主化という、戦後の民主改革によって日本の国民の所得がだんだんと上がりはじめました。日本で物がだんだん売れるようになり、市場が広がりはじめました。このことが高度成長の重要な条件ということになります。つまり、市場が広がるということは、需要が広がるということです。そして貯蓄率が高く、かつ労働分配率が低いということは、十分

高度経済成長の条件
需要（消費）側：農地改革・労働民主化
供給（生産）側：高貯蓄・低労働分配率.

大きな供給能力が発揮できます。つまり、どんどん生産物を生み出しつづけることが可能だという意味です。戦前は、この供給能力は十分にあったけれども、「需要が追いつかない」ということで国内の経済としては完結性を持ちえなかったのです。必ず外国に持ち出して補いをつけないと日本の経済がうまく回らない、という性質を持っていました。第二次大戦後は、この需要の不足、市場の不足という問題が解決されました。

それに加えて、現実的な要因として重要なのは、「新しい技術の導入」ということです。つまり、一国の経済が発展し、成長するということは、生産の分量だけが増えていくという単純な変化ではないのです。必ずその生産を行うために使われる技術が進歩していく、ということがともないます。しかもこれが経済成長の中で非常に重要な要因になっています。その新しい技術の開発、導入という点で、日本の戦後の高度成長期というのは、非常に恵まれた状態にありました。なぜ恵まれていたかといいますと、もし日本の企業が新しい技術を自分の力で開発しなければいけないということであるとすると、開発費が膨大になります。そして開発の期間も一〇年とか二〇年とか長くかかります。技術の開発というのは、一〇年単位でとらえなければいけないものです。金もかかるし、時間もかかります。ところが日本の高度成長というのは、たかだか二〇年足らず、一〇数年です。したがってこの期間に、もし日本の企業が自前で技術を開発するということをやったとしたら、とても高度成長の時期に間に合わないのです。一五年でどれだけ新しい技術が実際に使えるようになるだろうか。ほとんど可能性がありません。実際の新技術はどうやって日本の経済に登場したのかというと、ほとんどアメリカから導入されたものです。アメリカからの新技術の導入が日本の高度成長を加速させた、ということが非常に重要な要因としてあります。

高度成長の現実的要因——アメリカからの新技術導入

戦争に敗けて、一応、日本の経済がもとの状態に戻ったのが昭和三〇〔一九五五〕年の初めでした。昭和三一〔一九五六〕年の『経済白書』は、有名になった「もはや戦後ではない」というキャッチフレーズをかかげて出版されました。つまり、昭和三〇年の日本経済は、戦後の生産の落ち込み、混乱から抜け出して、もとに戻った、これからより高い経済の発展、成長がはじまるのだ、というのが昭和三一年の『経済白書』の宣言でした。その「もはや戦後ではない」とうたわれた出発点で、日米の技術の差がどれほどであったか。アメリカの産業技術というのは、戦後新たに開発された技術を使っていました。しかし日本の産業技術は、戦前のものをそのまま使っていました。戦前と戦後の技術格差が日米の間にありました。とくにアメリカの戦後の産業技術というのは、第二次世界大戦という戦争で使われた最新鋭の軍事技術を産業用に応用した、非常に進んだ技術が中心でした。日本は戦前の状態の機械や技術をそのまま使うしかない。非常に大きな技術格差があります。

しかし、日本では貯蓄率が高くて、経済成長のための資金は十分にありました。そして市場が広がっていましたから物も売れたはずです。ですから一応、高度成長らしきものは可能であったはずです。しかし古い技術を使ったままどんなに高い成長を実現したとして

1956年の『経済白書』――「もはや戦後ではない」．しかし技術は「戦前」のもの．

も、それではけっして国際競争力を持つような品物は生産できなかったのです。結局、ある時点で日本の高度成長というのは行き詰まってしまったはずです。なぜかというと、日本はいろいろな原材料を外国から輸入しなければ立ち行かない経済です。そのために必ず支払い代金を稼がなければいけない。これは輸出をしなければいけないのです。そして輸出できる品物というのは、国際競争力を備えた品物です。したがって、戦前の技術しか日本で使われていないところでいくらがんばってみても、外国に持って行って、ちゃんとした値段で売れる物というのは、ほとんどないということになりますから、まず貿易の点で日本の経済は行き詰まってしまうはずです。お金は稼げない。だから原料が調達できない。高度成長もできないという状況になったはずです。

実際には、アメリカから進んだ技術がどんどん入ってきました。そして国際競争力のある品物を短期間で生産できるようになりました。この側面がじつは非常に重みをもってきます。技術導入をする場合に、初期のアメリカからの技術導入はあまりコストがかからなかったのです。なぜかというと、その時のアメリカの技術水準というのは、戦後開発された技術の第一世代がもう役目を果たし終わって、倉庫に眠っていました。これはもうお蔵入りということです。そして第二世代の技術がアメリカの産業を支えていました。その時、アメリカではもう使い途がなくなって、倉庫に放り込まれたお蔵入りの技術をねらって、日本の企業が押しかけたのです。これはアメリカにとっても、もう使いものにならなかっ

輸入依存の日本経済では技術革新のない高度成長はありえない.
アメリカから新技術を導入した企業は
独占的な高利潤を手に入れた.

たものを日本の企業がけっこういい値段で買っていくということで、向こうも喜んで日本に技術を提供した、ということがあります。そこで結局、日本の企業は、この第一段階においては研究開発費を大幅に節約し、研究開発の期間を大幅に短縮することができた、というメリットを手に入れたのです。どんどん新しい技術が導入されはじめました。

しかしある時点で、アメリカにとっては古い技術は底をついてしまいます。それでも日本の企業は、「もっと新しい技術を」といってアメリカに押しかけていったのです。アメリカで現に工場で使っている機械、技術を借りてくるしかない。これは売りません。借りてきて、ロイヤリティという使用料を払うというのが第二段階です。ただ、その場合にはアメリカでも現役ですから、安い値段では売らないということで、それ相応のコストはかかります。しかし確実に開発の時間は節約されます。お金を出せば、二〇年かかった技術をあっという間に使えるようになるのです。こんないいタイミングはありませんでした。それでもうとにかく企業は銀行から借金してでも、アメリカで技術を漁ってきました。技術を買いつけるのに、あるいは導入するのに成功したら、それは必ず日本では「独占的な技術」になります。競争相手がいないのです。そこしか利用できないのですから。したがってかなりの高い値段で製品を販売してもちゃんと売れる。したがって、そうとう高いお金を払ってもちゃんと回収できるという確実性がありました。

そんなことで、技術導入ということがじつは非常に重要な役割を果たしたのです。いま

経済成長のタイプ
第一のタイプ：資本・技術とも自前・欧米
第二のタイプ：資本は自前、技術は借物・日本
第三のタイプ：資本・技術とも借物・開発途上国.

図13　経済成長のタイプ

		資本	
		自前	借り物
技術	自前	欧米	?
	借り物	日本	東アジア諸国 東南アジア諸国 メキシコ ブラジル

の話でもでてきましたように、日本の経済にとっての産業技術というのは、一貫して借物です。このことがどういう意味を持つのか。図13をごらんいただきたいと思います。これは一国の経済が経済成長するために、資本と技術がどんなふうに組み合わされて経済成長が行われるのだろうか、ということを図の形に整理したものです。それで、資本をどうやって手に入れるか、ということを考えた場合に、自分の資本、自前の資本というケースと、それから資本は借りてきた、という二つの場合がありえます。技術についても同じで、自分で開発した技術という場合と、ひとが開発した技術を日本が高度成長期にやったように、金を出して借りてきた、借物の二つに分かれます。技

資本も技術も借物の「途上国型」経済成長は不安定
——'97アジア通貨危機の背景

術だけあっても資本がなければ経済は動きません。資本だけあっても技術がちゃんと備わってないと、それはあまり意味がありません。とくに国際競争力をまったく持てなくなってしまう、ということになります。

そこでいくつかのタイプがこの組み合わせで考えられる、ということになります。イギリスやフランス、そしてアメリカという、欧米のいわゆる先に工業を発展させてきた国々というのは、資本も自分のものであった、技術も自分で開発した、全部自分でやった、自分で一から手に入れたものだ、こういう経済成長のタイプ、経済成長のやり方です。それに対して日本はどうだろうか。前から強調しているように、日本の貯蓄率は非常に高いし、また労働分配率は非常に低い。したがって日本の経済は、経済成長に必要な資金をみずからつくりだすという能力、体質を持っています。ですから資本は自前です。しかし技術はどうかというと、ほとんど借物であるということが日本の特徴です。

第三のタイプというのは何だろうか。これはいわゆる開発途上国で、一生懸命がんばっていい線いっているというところがあります。こういう国の経済成長の仕方を考えてみますと、資本も自分のものではない、技術も借りてきたものである。つまり全部借物という経済成長になっています。ですからこの全部借物という弱点が、一九九七年のアジア諸国の通貨危機を招いたのです。韓国で突然、通貨危機が起こって、対外支払いができなくなってしまった。インドネシアでもそうだ、タイでもそうだ、と次々に通貨危機が起こりまし

外資依存の経済成長には「長期資金」の導入が肝要。

た。なぜそんなことが起こるのかというと、結局、経済成長を実現していた資本、資金、これが土着のものではないからです。外から入ってきて、たまたま韓国で働けばそうとうな儲けがあるだろうと、韓国で働いていた外国のお金です。アメリカとか、あるいは日本もそうです。そういう資金というのは、韓国の経済を成長させなければいけない、というのが目的ではありません。目的は、要するに自分の資産をちゃんと運用したい、より増やしたい、ということで外国から入ってきます。外国から入ってくる資金というのは、だいたいそういう共通の性質があります。ですから、韓国なら韓国の経済に不安が発生しますと、自分が損をしないうちにわれ先に引き上げてしまう、逃げ出してしまう、ということになります。技術の場合は逃げ出したりしません。技術というのはだいたい機械とか、工場とか、そういう形で存在しているのが普通ですから逃げ出せない。一番あぶないのは資金です。これはすぐに逃げ出したがるという敏感な存在です。したがって、この第三のタイプの経済成長というのは非常に不安定です。いつつまずくかわからないのです。

そういうふうに考えますと、日本が明治以来、行ってきた経済成長というのは、こういう不安定なタイプに比べればもっと安定している、ということになります。もちろん、日本がちゃんと経済成長をやるためには、一〇〇パーセント自前の資金では十分ではありませんでした。これは戦前もそうですし、戦後もそうです。例えばダムを造るということで、資金はほとんど「世界銀行」から調達しています。世界銀行にお金を提供していたのは、

アジア通貨危機は「短期資金」に依存したことが原因.

主としてアメリカですから、アメリカが世界銀行経由で日本の発電所やダムを造るという非常にお金のかかる事業を賄っていたということになります。ですから、必ずしも一〇〇パーセント自前の資本で日本の経済成長が行われたということではありませんが、重要な部分、民間の重要な部分については、自らの力で、自らの資金で動かしてきました。したがって、経済が不安定になるという状況の起こった場合でも、資金が逃げ出さないということになります。ですから、いまのように日本の信用度が落ちている状態、もし日本の資本が借物であったとしたら、まずまちがいなく日本は通貨危機に陥ります。日本からお金がどんどん外に出ていってしまいます。しかし、日本はそういう体質を幸いなことに持っていませんから大丈夫であるということです。

次に、図の「?」マークを入れた部分、ここは何を意味するのかをよく考えてみると、いまのアメリカはここだろうか、ということになります。つまり、いまのアメリカの景気を支えている要因として二つあります。情報化技術がものすごい勢いで進歩しているということです。この情報化技術が進歩しているところに資本が集まってきます。つまりそこにお金をつぎ込めば、その事業は飛躍的に伸びて、必ず大きな儲けになります。情報化産業へ資金を投入して働かせると、資金の使い方としては一番効率がいい、一番儲かるということで、アメリカに新しい情報技術がどんどん生み出されています。そしてそれを支えるように、アメリカにお金が集まってきています。いまのアメリカの経済を支えているの

経済成長第四のタイプ――「ベンチャー型」経済成長.
技術は自前、資本は借物.
今のアメリカは「ベンチャー経済」.

は「ベンチャー・キャピタル」です。しかし、アメリカ経済全体の体質として見ますと、何度も強調したように、アメリカの「貯蓄率」はきわめて低いのです。そしていま、アメリカの貯蓄率は「瞬間風速」としてはマイナスになっています。内輪に見積っても貯蓄ゼロです。貯蓄ゼロということは、アメリカでは自前の資本がけっして調達できない、生み出されてない。では、なぜそんなに多くの企業が調子よくやっていけるような資本が存在しているのだろうか。外から流れ込んできているのです。ですから、東南アジアの国が資本を借りてきたというのとは、ずいぶん意味合いが違いますが、しかし少なくともいまのアメリカの景気を支えている資金は、アメリカの自前のものではない、借物です。外から出稼ぎに来た七千億ドル（米国ＧＤＰの約八パーセント）の資金が情報産業に投下されて、それで株式市場も高め、アメリカの情報産業の儲けも高めている、という側面があります。

高度成長は日本経済の
国際競争力を強めたが,
他方で挫折への道も開いた.

第7章　高度成長はなぜ挫折したのか

いままで話したように、日本固有の条件と、それからアメリカにおんぶするような形での技術導入に支えられて、日本の経済は十数年にわたって高度成長を続けたということになります。ところが、高度成長という非常に調子のいい日本経済が続いた結果、どういうことが起こったか。前に、高度成長の時期の前半は、日本経済というのはストップ・アンド・ゴーという状態で進んできたという話をしました。つまり、日本の経済が好景気になりますと、国内で物がよく売れるようになります。そうすると外国への輸出が落ち込んでしまいます。なぜかというと、日本の製品の国際競争力がまだ一〇〇パーセントついていなくて、輸出をするということは企業側にとってかなり無理をして、早い話が損をしてでも輸出をする、そういう状況であったからです。

高度成長が続いて「国際競争力」が強まると日本の輸出は増える一方となった．いわゆる「集中豪雨的輸出」．

しかし、高度成長が持続した結果、状況が変わってきます。日本の高度成長経済というのは、世界一速いスピードで発展してきました。しかもその中で、一五年も二〇年も時間がかかるはずの技術をお金で、瞬時にどんどん手に入れました。これは一企業のやったことではありません。どこの企業もそれをやりました。したがって、日本の産業技術、日本経済の技術水準というのは、あっという間に高まってしまいます。ということは、アメリカにも負けない国際競争力がだんだん日本の経済に備わってきます。なぜアメリカに負けないのか。同じ技術で生産をするようになります。アメリカの現役の技術を日本にそのまま借りてくるのです。品質の点で見劣りしない。そしてコストの点ではどうだろうか。日本の人件費はまだまだ高くない、まだまだ安かった。日本経済の長い間の強みは「低賃金の経済」であったということです。人件費がかからない生産のシステムがあります。ちょうどいまのアジアの開発途上国がかつて日本が売り物にしたような低賃金・低人件費で「同じ技術を使ったらより安くできますよ」という強みを謳歌しています。それはかつて日本が使った得意の手でした。しかし、だんだんそのお株を奪われてしまうということになったのです。

そんなわけで、新しい技術が日本に定着すればするほど、日本の工業製品の国際競争力が不動のものになっていきます。そうすると、ストップ・アンド・ゴーという現象がもはや見られなくなってしまいます。つまり、いつでも輸出するメリットがあります。国内が

日本の国債収支が「赤字体質」から「黒字体質」に転換.
「ストップ・アンド・ゴー」現象の消滅.

不況になって品物が売れなくなったから仕方なしに輸出するのだ、という状況がなくなったということです。国内でも売る、同じ儲けで海外にもちゃんと出せる。国内もうま味があります、海外も同じようにうま味があります。だから輸出を減らす理由が何もなくなったのです。ですから日本の国内では景気がいい。でも海外に対する輸出は減らない。どういう現象が起こるかというと、対外収入はどんどん増え続けます。そして原材料輸入がどんなに増えても必ず支払いができます。景気がいいと対外支出も増えます。しかし、それ以上に輸出が伸びていくから支払い代金が入ってくる。つまり収入が増えてきます。国際収支の赤字という状態がなくなってしまったのです。あとはもう国際収支の黒字が増えるばかりです。いまも基本的には黒字体質が継続しています。これは高度成長期の最終段階で日本の経済に備わった体質が現在も続いているということです。それ以前の日本経済は国際収支が赤字になるということが心配の種でした。ところが、高度成長の末期に国際競争力が非常に強くなったという段階では、むしろ心配の種が、「黒字が増え続ける」という方に移ってしまいます。非常に様変わりします。いまでもそうです。

ということで、日本の国際競争力が高度成長の最終段階、昭和四〇年代の中ごろから後半にかけて非常に強くなって、どんどん輸出できる、損して輸出するのではなくて、国内と同じ儲けを確保して、悠々と輸出ができるという状態に到達します。これ自体は非常にいいことです。一生懸命、明治以来、そういう状態になろうと思って官民あげて努力をし

日本の「集中豪雨的輸出」への
アメリカ産業界からの反発・批判が強まる.
それは政治・外交問題に発展した.

てきたのが、ようやく実現したということですから、万々歳というべきところだったのですが、しかしそこで何が起こったか。アメリカがまたまた強烈にクレームをつけはじめたのです。なぜだろうか。「日本は一方的に輸出をしすぎる。集中豪雨のように輸出をしている」。「集中豪雨的輸出」という言葉が新聞紙上で飛び交うようになりました。一方的に集中豪雨のように日本の品物がアメリカに流れこんできてしまう。これでアメリカの産業はどんどんつぶれていく。失業者が増えている。日本はそんなえげつない商売をやるべきではない、もう少し上品にやりなさい、という反発がアメリカからでてきます。とくに日本の集中豪雨的輸出で打撃を受けた産業の労働者が反発を強めます。その企業、産業、業界からアメリカの政府に圧力がかかります。もう経済の競争原理の問題ではありません。経済の競争原理からすれば、それは当然のことです。アメリカよりもいい品質の品物がより安くアメリカで売られる。ですから一般消費者は全然文句を言わない。アメリカの企業が作った故障しやすいカメラよりも日本でできたほとんど故障しない、しかもより安いカメラをなぜ買ってはいけないか。みんな喜んで買います。自動車もそうです、カラーテレビもそうです。しかしカメラを作ってきた企業、産業、自動車を作っている企業、産業はまさに死活問題です。大変な反発がアメリカ中に起こります。

しかし、これはアメリカだけの問題ではなくなってしまうのです。じつは世界中から日本に対して同じような批判が出はじめました。ヨーロッパもそうです、アジアの国々もそ

日本の「集中豪雨的輸出」は世界に広がり世界中の反発を受ける.アジアでは日本製品の不買運動も.

うです。なにしろ高度成長の結果、日本が手に入れた国際競争力というのは、当時の状況からしますと、世界第一級のものでした。日本が輸出しようとしていた工業製品については、どの国も太刀打ちできないのです。日本は重点的に輸出品目を開発してきたのです。その少数精鋭的な輸出政策をやってきて、その製品についてはもうどこにでも輸出できます。さっきいったように品物の品質がいいですから、そうとう売れていきます。世界中の人がほしがるという状況が、アメリカだけではなくて広がっていきます。そうしますと、集中豪雨的輸出というのが世界を覆います。日本に対する反発も世界中から出てくることになります。アジアでは日本製品の不買運動、暴動まで起こっています。いままでは考えられないような反発が現実にあったのです。これはやはり行き過ぎだろうという感じがします。一方的に売りまくって買うものはあまり買わないというのでは、これは商品経済のメカニズムからしても、うまく全体が回らないということになると思います。

ですから、日本は世界中から非難の矢を浴びるようになります。一番強硬なのは、もっとも被害の大きいアメリカです。日本は一番アメリカ市場に頼っていましたから、一番反発が強い。結局、政府の間で話し合いが持たれ、何度も交渉しています。その結果、とにかく集中豪雨的輸出をやめましょうという方向が出てきます。これがいわゆる「自主規制」です。日本の輸出を自発的に抑える自主規制です。自主規制というと、自発的にやったようで聞こえはいいですけれども、実際は「自主規制という名の強制」です。そうしなけれ

一連の「日米貿易摩擦」の発生.
まず繊維製品（'60年代),
それから鉄鋼・カラーテレビ（'70年代),
自動車・半導体（'80年代）と続く.

ば話が収まらないということです。ですから考えてみると、アメリカは自由貿易というものを前々から高らかにかかげで、世界をリードしてきました。日本はまさにその自由貿易のルールにしたがって、一生懸命努力して、品物を売れるように伸ばしてきました。何が悪いのだろうか。政府と政府の間の話し合いによって強引に輸出を抑えつけるということは、まさに自由主義の崩壊ということになってしまいます。非常に矛盾した行動をじつはアメリカ自身がやっていることになりますが、やはり背に腹は換えられないということで、自由主義の大原則は貫くけれども、あまりにもひどい場合にはそれは守れない、貫けないということです。それはそれでしょうがないかなという感じがいたします。

ただ、自由主義の原則に則って日本はやってきたということを一応言えるにしても、前から強調している、日本の社会や経済に残る目に見えない壁、あるいは閉鎖性、これがやはりアメリカの目から見れば、日本は都合のいい時だけ自由主義を利用してきたのではないかと映るのです。確かにそういう面はあって、輸出をするという段になると、自由主義が日本にとって有利です。どこの国にどれだけ輸出しようが自由である、相手もそれを抑えるべきではない、ということになります。ところが、日本は輸入の点でどういう政策を取ってきたかというと、基本的に「保護主義の政策」を取ってきました。これは明治以来ずっとそういう体質を持っています。ですからアメリカから見ると、「日本はご都合主義だ」ということになります。輸入という点になると自由に輸入させない、輸出という点に

日本の伝統的な貿易政策は
輸出は自由主義, 輸入は保護主義.
日本の高度成長が
「市場の不足」という限界につきあたった.

なると自由に輸出しようとする。こんな相反する原理を使い分けたらアンフェアだという反論は当然出てきます。この問題は非常にむずかしい問題で、日本の輸入政策がどれだけ閉鎖的なのか、あるいは保護主義的なのか、という問題が出てきます。確かに例えば農産物、とくにコメについては最後の最後まで保護してきました。いまだいぶその保護を取り払っているということはありますが。コメ保護政策に象徴されるように、日本の輸入政策は基本的に自由主義ではないのです、保護主義です。「輸出は自由主義、輸入は保護主義」という使い分けをやっています。これがやはり国際世論から見たら批判されるところだろうと思います。

そのようにもう四面楚歌の状態になって、輸出能力が十分ありながら輸出してはいけないという状況に追いこまれます。そうするとどういうことが起こるか、といいますと、結局、日本の高度成長を続けて支えていくための市場が不足してしまう、ということになります。日本が昭和三〇年代、四〇年代に実際に実現したように、平均して年率一〇パーセントの勢いで経済を伸ばし続けていくためには、外国の市場がいかにも狭すぎる状態になってしまった。アメリカは抑えろといってくる、ヨーロッパも反発する、アジアの国も反発する、ということで、とにかく輸出を思うようにしてはいけないんだと。日本にとって輸出市場、つまり外国の市場、これがかなり制限されたものになってしまう、狭いものになってしまいます。それまでの日本は、「輸出市場は無限である」という前提で成長を続けてき

戦前の「国内市場の不足」という「ネックのメカニズム」が
いまふたたび世界的スケールで起こった.

ました。ところがその限界がきてしまったのです。

戦前の日本経済の国内市場は、一定の限界に突き当たって、広がらない状態であったということがありました。それと同じことが、今度は世界レベルで起こったと考えることができるだろうと思います。戦前の日本経済は工業製品をどんどん生産する能力を手に入れたけれども、その製品を国民が買う力がなかったのです。市場が非常に限られていました。同じことが高度成長の結果、世界を相手にして起こってしまったのです。結果として市場が限られてしまいました。経緯は違いますが、日本の経済成長にとってそれはネックになってしまったのです。戦前もそれがネックでした。戦後も高度成長をこのまま続けるためには、それが壁として立ちはだかってしまった。そういう状況が出てきてしまいます。そこで戦前はどういう方向で問題を解決しようとしたのか。これはすでにお話ししました。現実的な選択肢としては、国内が十分でないなら外国の市場を手に入れればいいではないか、ということで補う政策がありました。ですから無理をしてでも、強引にやってでも、植民地をつくってそこにどんどん工業製品を送りこんだのです。だから高度成長を戦前は一応続けることができました。しかし挫折してしまったということはお話ししました。

今度はどうだろうか。状況的には市場が限られてしまった、ということは変わりがないのです。その時にどうしようか、どうすることができるだろうか、という話になります。戦前と同じような方向での問題の解決ができるのかできないのか。ちょっと考えてみます

「オイルショック」を契機に高度成長経済から低成長経済へと転換

と、できないということがわかります。戦前は外国がありました。外国の市場という、まだ未利用の市場がありました。だからこれをなんとかして使えば、そこで売れました。高度成長の末期に到達した状態というのは、どこか別のいままでは日本が使わなかった、あるいは使えなかった市場というものがあって、それをとにかく手に入れれば高度成長ができそうだということが、でてこない。つまり世界中のどこに売っても、猛反発がでてきます。「なぜそんなに売りつけるんだ、けしからん」。「エコノミック・アニマル」という言葉が登場してきます。日本人はえげつないというのです。エコノミック・アニマルというのは、儲けの権化みたいな意味合いです。非常にさげすまれた表現が登場してきます。

ということで、現実の方策はとにかく「生産を抑えるしかない」ということでした。生産を抑えますと、当然、成長率が鈍化します。高成長の経済から低成長の経済へと転換をせざるをえなくなった、ということです。ちょうどこの転換点の境目に「オイルショック」が起こります。オイルショックを転機にして、いま申し上げたような、日本の状況変化が決定的になったということです。ですから、オイルショックが原因で低成長の状態になってしまったということではありません。オイルショックというのは、ある意味ではたまたま起こったということで、しかもそれが日本に大きな衝撃を与えたのは、その時の日本経済が赤信号のつかなくなった状態で走り続けていたからです。いってみれば、日本の経済は暴走しはじめていたのです。赤信号がつくまでは全速力で走っていいと、そういって安

「低成長経済」への移行により
それまでの「低費用経済」から「高費用経済」へ

心して運転している。そうするとどんどんスピードが上がります。ところがいつになっても赤信号がつかない。つかないから危険なぐらいにスピードが上がっていました。暴走の状態に入っているというたとえができるだろうと思います。そこにガソリンが切れてしまったのです。石油が入ってこない。突然、スピードを落とさざるをえない。これがオイルショックです。そしてその後、けっしてもとのスピードに戻れなかったのは、オイルショックが直接の原因ではなくて、オイルショックに至るまでにできあがった、日本の集中豪雨的輸出体制、そういう経済の体質が、結局、低成長の日本経済というものを余儀なくさせたのだ、こういうことになります。

そこで、高度成長経済から低成長経済へと転換したことによって何が起こったのだろうか。このことが今日の日本経済の状況と深く関わってきます。高度成長の状態がずっと続いていれば、今日の日本の困難というのはなかったはずです。簡単にいうとそういうことです。低成長の経済に切り換えざるをえなかった、まさにそのことがその後の日本の一連のトラブル、困難のもとになっているのです。具体的に、何が起こったのか。一言でいうと、低成長経済に転換したことによって、日本の経済は非常にコストの高くつく経済、「高費用経済」と呼ぶべき状態ができてしまいます。なぜ高費用経済になってしまったのか。それまでの日本経済の伝統的な強み、戦前から一貫して、日本経済の強みというのは「低費用の経済」でした。費用がかからない、だから輸出競争力を持っている。これを武器に

「高費用経済」の元凶は高い人件費と高い地価.

して経済を伸ばしてきた日本でした。ところが気がついてみたら、そんな強みはどこにもなくなってしまって、まったく逆の状態になっていました。物を作ればみんな国際水準よりも高めについてしまうではないか。高度成長が続いていれば、まだそれを吸収することができた。高くついてもそれを分散させることができます。例えば大量生産してコストを下げるということは可能です。しかし生産量が落ちこみます。同じ技術を使って、同じ設備で作ったら、必ず製品一個当たりのコストは高くなります。そういうことで、これは必然として高費用経済へと入っていくことになります。

その場合の「高費用」とは何だろうか。二つあります。前に日本の経済はコストのかかる経済だという話をして、その時、強調しておいたのは一点です。つまり、「人件費が非常に高くつく経済」という話をいたしました。これが一つです。しかしそれだけではないのです。もう一つ重要な「高費用」のもとがあります。これは日本の特徴になっています。それは高い土地の値段です。高人件費、高地価、このことは日本で経済活動をし、物を作る場合に、重大な影響を与えます。人件費と土地の利用を避けて経済活動をすることはできません。工場、会社の事務所、すべて土地の上に立って、土地を利用してやっています。したがって、地価が高いということは、必ずそれが経済活動の費用、生産活動の費用としてはね返ります。人件費ももちろんそうです。

まず人件費の問題をとらえると、なぜこんなに人件費が高くなったか。これは日本の賃

日本の賃金は年功型生活保障賃金.
それは「秩禄制度」の延長線上にある.
アメリカは仕事達成度による能力給.
それは「個人主義」の反映.

金と雇用の制度の特徴からきています。日本の賃金というのは、その人がどれだけ働いたからとか、どれだけの能力を持っているからとか、そういうことではほとんど決まりません。何で決まるのか。各企業に給与表というのがあって、ずっと欄が並んでいます。その欄の上の方には、例えば大学卒とか高校卒とか書いてあって、そして何年に入社したか、あるいはいま何歳の人か、というようにその表をあてはめると、その人がどんな人であろうと関わりなく、その人の賃金がでてくるというシステムになっています。なぜそんな賃金のシステムがでてきたのか。日本の賃金のシステムというのは、伝統的に生活保障型の賃金という性格を持っていたからです。さらにそれを辿っていくと、結局、江戸時代の幕藩体制のもとでの秩禄制度の性格が、そのまま日本の賃金の制度に反映しているということがわかります。つまり、幕藩体制のもとでいろいろな武士の身分があって、それぞれ禄高が何千石取りとか何百石取りとか決まっていました。それは結局、それぞれのランクの人たちの生活を保障するという性格のものでした。いってみれば「生活賃金」ということです。これは日本独自の特徴ではなくて、賃金というのは基本的に生活賃金です。

これはどこでもそういう性格を基本的には持っています。ところがだんだんとそういう状態から、能力あるいは仕事の達成度というものによって賃金が決まる。「能力給」という表現がありますけれども、これに切り替わってきます。それがはっきりしてくるのは、とくにアメリカです。アメリカの賃金は生活賃金ではありません。生活には責任を持たない。

「高人件費経済」の意味は二つ——
1) 国際比較した賃金水準が高い
2) 産出量に較べて人件費が高い.

「あなたの能力に合ったものを出します。ですからあなたが生活できないとすれば、それはあなたの能力がないからだ」という割り切った考え方をします。だから生活ということで考えれば、どう考えてもそんなに高い賃金はこの人はいらないのではないか、というようなべら棒な賃金、つまりアメリカでいうと年俸ですが、年俸がどんどん支払われたりします。年俸何億円という社長がじつはめずらしくない。日本ではそんな社長はいません。なぜ何億円という評価がでてくるのか。生活賃金ではないからです。どれだけ仕事をしたか、どれだけ会社に金儲けをさせたか、その度合いからはじき出されるから、生活賃金という観点からしますと、目玉が飛び出るような給料をもらうということがでてきます。日本の場合は、そこまでの状況になっていませんが、将来はそういう方向に近づくだろうと思います。

あとでまたその話は取り上げたいと思いますが、とにかく、「生活賃金」という考え方をしますと、その人に能力があろうがなかろうが、基本的に生活のコストは違いません。したがって、それを保障するという観点からしますと、だいたい同じ年齢、同じ経歴で同じ金額になってしまう。あるいはそうすべきだ、というとらえ方がでてきます。こういう賃金の決め方をしておりますと、結局、企業に十分な競争力、ゆとりがある場合は問題が起こらないけれども、右肩上がりの経済が終って、企業の競争力が落ち、経営環境がきびしくなった場合には、企業の業績、売上げ高に対してどれだけ従業員に賃金を払ったかとい

産業界の賃金水準が上がると
公務員などの賃金水準も上がり
日本経済全体の人件費が高くなる.
人件費が人件費を押し上げる.

う、いわゆる人件費を比較しますと、人件費の割合というのは非常に高くついてしまいます。それから、日本の賃金は「生活保障」という性格をもっていますから、企業の生産量・仕事量が減っても、労働者を簡単に解雇しません。できません。

ですから「人件費の高い経済」ということの意味は、じつは二つあります。一つは、一人一人の労働者が実際にいくらもらっているか。アメリカで同じような労働者がいくらもらっているかと比較すると、やはり高い。もう一つは、企業を総体としてまとめて、これだけの品物を生産するのに全部でいくらの人件費を使っているか。このトータルで比較すると、これも非常に高い人件費ということになります。トータルで比較した場合に高くつくということは、結局、賃金をもらっている人たちの生産効率というものに大きな差があるからです。ほとんど働かない人もいる。一生懸命働く人もいる。けれども同じ賃金をもらっている。そういう状況が日本の企業の中ではけっしてめずらしくないのです。日常的にそうなっています。とくに年功序列というシステムが加わってきますから、年とともに給料が上がっていきます。しかし給料がどんどん上がっていく人が、会社に、企業にその上がるのに応じた貢献をしているかというと、ほとんどそうではない。むしろ逆の場合が多い。給料が上がっていくのに、会社の営業活動にはむしろマイナスになっている。その人がいない方が全体としてはよろしいという状況はめずらしくないのです。したがって、コスト計算をすると、非常に高い人件費を払わなければやっていけない企業・経済という

高人件費体質を改善する「理論」的方法
——日本の労働市場を世界に向かって開放する.
日本の労働市場はアメリカ型になる.

ことにならざるをえないのです。

こんなふうに、別の表現でいうと、日本の賃金というのは「横並び式賃金」、形式的な平等を重んじた横並び賃金ということで、けっして一人一人の経済効率、企業への貢献度というものを反映していない制度で、高度成長でどんどん右肩上がりの余裕のある経済である場合には、その問題点は出てきません。それでみんな一生懸命働いて、経済がどんどん伸びていく。何の問題があろうかということになります。しかし、そういうなかでだんだん賃金が軒並み上がっていきます。つられて公務員の賃金も上がっていくということになって、そうすると日本経済全体の人件費がどんどん高くなる。その割にはその経済から生み出される生産物、そして獲得される利益、利潤、こういうものは大きくないという状況がでてきてしまいます。そんなわけで、人件費という高費用の最大の原因をどう解決するのか、というのがこれからの大問題です。これがうまく解決できなければ日本経済の将来はない、ということになります。

ついでに申し上げておきたいのは、理論的には、解決する確実な方法があります。たぶん実行できないでしょう。それは日本の労働市場を世界に向かって開くことです。日本の労働市場というのは、完全といっていいほど閉ざされたままできたのです。労働市場という点についていえば、まさに「鎖国」です。ですから中国あたりから密航者がどんどん入ってくるということがでてきてしまいます。もしも日本の労働市場を世界に向かって開くと

「鎖国」の労働市場で高人件費を回避する現実的方法.
パートタイマー・契約社員・派遣社員.
これは日本型雇用システムの崩壊を意味する.

いうことになると、アメリカの経済がずっとそうであったような状況が、日本にもまちがいなく起こります。アメリカの労働市場というのは、基本的に開かれています。いまは外国から入ってくるのをチェックしてますけれども、伝統的にはオープンだったのです。ですからアメリカで働きたい外国の労働者は、かなり自由に働けるということで、アメリカでは労働市場における競争が非常に激しくなります。労働市場で競争が激しくなるということは、ひとりでに賃金の格差が生じてくるということになります。

ですから、アメリカにおける賃金は、高い賃金は限りなく高い。さきほどいったように、何億円という年俸の社長がいくらでもいます。下は限りなく低い。餓死するであろうというぐらい低い賃金があります。この賃金体系が開かれた労働市場からでてきます。そうしますと、人件費というとらえ方をした場合に、人件費がかかりすぎるということは基本的にありえないのです。もしそれが、その人をこの賃金で雇ったらどうしても採算が取れない、採算が悪くなるということであれば、その人をやめて、もっと安い賃金の人に置き換える道がいくらでも開かれているのです。ところが日本の場合は、一人の人を雇うためには基本的にほとんど同じ人件費で雇わざるをえないということになります。それではとにかく人件費が高くついてしょうがない、ということでいろいろ実際に考えだされたのが、「パートタイマー」だとか、あるいは「契約社員」だとか、「派遣社員」だとか、あの手この手の雇用システムが日本では登場しています。アメリカはそんな複雑なことは必要ない

高費用のもう一つの元凶「高地価」,
それは国民の生活費を押し上げ
企業の立地費用も押し上げる.

のです。一番最適の人件費で雇える労働者がどこにでもいるのです。そういう状態は企業にとって非常に有利です。

けれども、企業にとって有利だということは、労働者、働く側から見ると非常にきびしい状況です。アメリカの労働者はきびしいです。いつ首をすげ替えられるかわからない。いつも緊張して働かなくてはならない。日本はまったくその逆です。一度雇われると、だいたい保障される。一生懸命働かなくてもちゃんと生活する賃金をもらえる、というような状況があります。したがって、日本の方が働く立場からすると、はるかにいい環境であるということになります。しかし、それは世界の状況からすると異例のことです。そんなに恵まれた「労働者天国」なんです。これは非常にいい状態です。だからもし願わくば、これが世界に広がればそれが一番いいだろうと思います。しかし世界の状況というのは、そんなに甘くない。簡単ではない。むしろ労働市場で、いつでも競争がある、失業するかもしれない、というのが世界の趨勢です。その二つの状況が同じ土俵で戦ったらどうなるか。すぐおわかりになりますね。日本の方が確実に不利になります。これが高度成長の経済が失われた時にまさに表面化してしまうということになります。

それからもう一つの高費用の元凶というのは、土地の値段です。例えば**図14**をごらんください。一九五五〜八五年の三〇年間に、日本の地価は四〇倍から七〇倍も上がりました。賃金は二〇倍ほど、物価は五〜六倍ほどです。ですから、いろいろな物の値段の中で、地

アメリカ人の賃金の方が全般的に低いけれども生活内容は日本人より良い.

図 14　地価・物価・賃金の推移

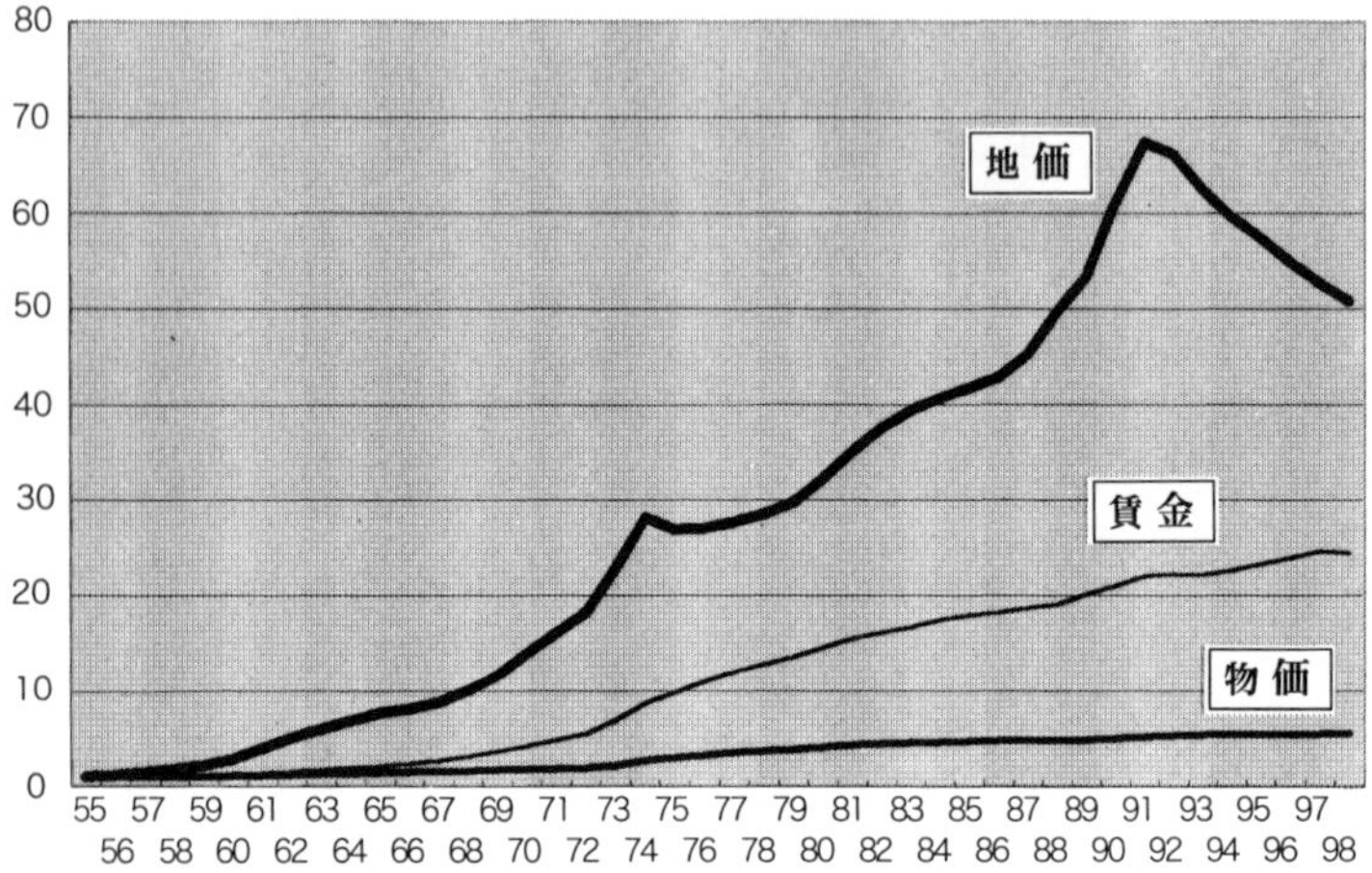

1　1955 年を 1 とした指数で表示
2　「地価」は、日本不動産研究所「市街地価格指数」の「全国市街地」の「全用途平均」の数値により算出。
3　「物価」は、総務庁統計局「消費者物価指数」の「全国（総合）」の数値により算出。
4　「賃金」は、労働省「毎月勤労統計調査報告」による「現金給与総額」（30 人以上の事業所。税込み。月間総額）の「製造業」の数値より算出。

価だけが他の物よりも一〇倍も上がっています。

人件費と地価というのは、あらゆる物の値段の基礎になっていくということがあります。ですから、この二つがとにかく高いということは、日本経済の国際競争力にとって致命的なことです。高度成長が引き続いていれば、この異常に高い費用というのは吸収させることができたのです。しかし日本の経済がしぼんでしまった。人件費と地価はそれに見合ってはけっしてしぼまなかった。とくに人件費はしぼんでない。基本的に横ばいの状態です。

高い地価は、高い住宅価格に

なって現われてきます。東京の住宅価格は、ロンドンの三倍、ロサンゼルスの四倍、パリの五倍するなどという数字もでています。「高地価」、「高人件費」は、日本人の生活費を非常に高いものにしています。

日本の人たちの給与がアメリカ人の給与よりも一般的にずっとよろしい、ということがデータとして出ていますが、しかしその給与で現実にどれだけの生活水準を手に入れることができるか、という実際の生活の中身を考えますと、日本人の生活水準の方が確実に貧しくなってしまうということになります。何分の一かで住宅が手に入り、そしてしかもその住宅を維持するための水道代とか、電気・石油・ガスなどの光熱費、こういうものまで計算しますと、アメリカの方が何分の一かのコストで生活できるのです。ですから賃金の金額をただ横に並べて一ドルいくら、ということで換算して比べてみることの限界があります。金額だけだと日本人の給与は非常にいいのです。いま一二〇円ぐらいの状態になって、これで計算しても、そうとう日本人は高賃金です。例えば私が数年前に行っていた、アメリカのモンタナ大学の教授たちがいくら給与をもらっていたかというと、だいたい五万ドルから六万ドルです。一二〇円として六〇〇万円から七〇〇万円です。これが年俸です。いま日本で年俸六〜七〇〇万円というのは、そんなに高い賃金ではありません。それで、そういうプロフェッサーたちがどういう生活をしているのかというと、車が何台もあって、キャンピングカーを持って、庭に小さなプールがあってというような生活ができるのです。ですから生活の中身というのは、けっして金額の比較では現れてこないということになります。

日本の地価がどうしてこんなに高くなってしまったのか、という問題があります。人件費の高さもやはり高くなる理由があるということになりますが、地価についても同じように高くなる理由があります。その一つは、農地改革をやって、そのアフターケアとして農地の売買をきびしく制限したということがあります。これがかなり長く続きました。高度成長で日本の経済がどんどん伸びはじめた時にも、農地の売買禁止が続いていました。そうしますと高度成長にともなって、大都市圏を中心にして、経済活動のための土地・用地がどんどん必要になる、という状況に十分適応できなくなっていました。したがって、土地を手に入れるということはなかなかむずかしい。そしてコストがかかるということで、日本では土地は高いのが当たり前、そして土地はだんだん上がっていくのが当たり前、というような土地の価格の特徴ができてしまいます。これがまさに「土地神話」というのです。しかし、土地神話の元凶というのはけっしてそれにとどまりません。

ずっと日本の高地価の由来をたどっていきますと、じつは明治維新までいってしまいます。なぜだろうか。日本のいまの土地の所有制度の出発点は、明治維新の中で行われた地租改正からです。地租改正の時に地主を決定しました。つまり私有制度の原則に従って、この土地はだれの物であるかという所有権者を確定しました。その場合の私有権というも

高度成長による「土地神話」の誕生。明治の「地租改正」によって日本の土地所有権の絶対化がはじまった。

戦前の土地所有権は国家の権限の中で
閉じこめられていたが
戦後はそれが野放しになった.

ののとらえ方が、じつは後から振り返ってみますと、世界の常識というか、世界の基準から離れていたのではないか、ということです。どういうふうに離れていたのか、といいますと、地租改正の結果、土地の所有権を認められた人たちは、自分が所有している土地に対する権利というものを、いってみれば「絶対的なもの」と考えたのです。つまりこれは一〇〇パーセントおれの物だから、煮て食おうと焼いて食おうと、それは所有者の自由である。土地に対する所有権というものを、そこまで絶対化してしまったのです。その時はっきりとそれがでたのではありません。しかしだんだん時代を経てはっきりしてきたことは、日本人の、つまり日本の土地所有制度としての所有権の中身・強さがものすごいものである。私はそれを「所有権の絶対化」といっています。国家も口出しできないような強い権限として形づくられてしまったのです。

もっともこれはただし書がつけられなければいけないのですが、戦前の土地所有制度は、それほど所有権の絶対化というのは目立たなかったのです。つまり、明治体制というのは国家の力が非常に強かった。国民は国家の方針に一〇〇パーセント従わなければいけないという体制であった。そういう制度の中では、土地に対する所有権というのも制限されざるをえなかった。政府がここのところに道路を造りたいと考えれば、そこに住んでいる、そこに家を持っている、そこの土地を持っている人は、もうほとんど無条件で明け渡さなければいけない、そういう状況が戦前にはあったのです。ですから、見る限りでは、その

土地の条件付き私有が世界の流れ.
土地の「所有権」と土地の「利用権・処分権」を
分離し使い分けることが重要.

時のその土地の所有権というのは絶対的なものではないのです。国家の権限というものが非常に強くて、国の方針としてこれを利用したいといえば、それは協力せざるをえなかったということがありました。しかし農地改革が行われ、一連の日本の法体系が民主的なものに変えられた結果として、明治以来引き継がれてきた土地所有の中身が本当はものすごく強い権利だった、ということがようやくはっきりしてきたのです。

戦後のいろいろな改革によって土地の所有権の中身が変わった、と考える必要はないと思います。土地に対する権利というのは地租改正の時に決まっているのです。けれども明治体制のもとでは、もっと強い国家の枠組みがあって、その中に、いってみれば閉じこめられていたのです。身動きができない状態だった。その身動きできない、閉じこめられていた枠が戦後外れた。「野放しの土地所有権」という性格が丸出しになってしまった。だからおそらく地租改正の出発点において、そういうことにならないような、絶対化しないような性格を残しておいた方がよかっただろうと思います。つまり、幕藩体制のもとでの土地に対する権利というのは、絶対的なものではないのです。農民の権利も絶対的なものではない。それから大名の権利も絶対的なものではない。お互いに牽制しあうような相対的な権利でした。それを地租改正というのは一転して整理して放り出してしまった。あまりにも極端に土地に対する私有というものを認めすぎたのではないか。

条件付き私有というのが歴史的にどこの国でも形づくられてきていることです。イギリ

高度成長という高速運転に馴れた日本経済は
低速運転に対応できず
「高費用経済」を作りだしてしまった.

スでもそうです。いろいろな国で、それは独自の歴史があって、さまざまな土地所有制度というのが形づくられてきているのです。しかし日本のように土地の所有権が絶対視され道路一つ造るのに何一〇年もかかる。一人の地主がイエスと言わないことで何一〇年もかかるということは、他に例がないのです。結局、そういう問題点はかなり前から指摘されていて、ある人たちは、土地の「所有権」と土地の「利用権・処分権」というものをはっきりと区別すべきではないか。所有権はいままでどおり認めるとしても、所有権即利用権ではないだろうといいだしています。ままでは自由でした。これは絶対的な権利と私がいっていることです。けれども、ますます土地の利用というのは一人の人間の自由には任せられない。それは社会全体の立場の中で考えられなければいけないことです。これが「土地はみんなのもの」という、よく土地問題がでてくるとスローガンのように登場する言葉です。「土地はみんなのもの」というのは、結局、世界の歴史的な趨勢です。ところが日本は、みんなのものというのが希薄になってしまうような土地の制度を、残念ながらつくってしまった、ということになります。

高度成長の経済をずっと走らせ続けた結果、日本経済のあらゆる要素・要因が高度成長に合った状態、高度成長にマッチしたものにだんだんなっていきます。例えば、賃金にしても確実に上がっていくという体質を持ってしまいました。ところが、高度成長という環境が永続的に続くことはなかったということで、スピードをスローダウンさせなければい

それまでは日本企業による工場の海外移転は
「貿易摩擦」回避の手段であった.

けないという状況になった時に、高速で走るのに馴れてしまったいろいろな部署、部品が一気には低速運転になじまなくなってしまった、という状況がでてきました。とくに、さきほど申し上げた賃金・人件費と土地のコストがなかなか低速運転の状況に対応して変化しないということになってしまいました。結局、日本で経済活動をし、とくに物を生産すると割高になってしょうがない、という状況が避けがたくでてきてしまいます。はじめは人件費の比較的安い地方に工場を移転して、対応してきましたが、工場を日本中のどこに立地しても、高い人件費と高い土地費用がついて回ってきますので、もう日本の中では工場を運転できない、という状況が八〇年代に入ると決定的になります。日本の企業は先を争うようにして好立地の外国へと流れだしていきます。

それ以前の日本の企業というのは、大企業だけが海外に活動の拠点を設けるということが常識になっていました。大企業はワールドワイドな活動をしますから、必要上、世界のいろいろなところに営業所を持ち、場合によっては工場を造るということをやっていました。とくにアメリカによって日本の集中豪雨的輸出が批判され、自主規制をせざるをえない状況になった時に、日本の企業がとった対応策は、生産を減らし輸出を減らすことが一方であったけれども、同時に日本にあった工場を海外に移転する、あるいは海外に積極的に工場を造ることでした。とくにアメリカです。自動車メーカーがほとんどアメリカに工場を造ったのは、結局、日本で自動車を生産してアメリカに輸出すると、輸出のしすぎだ

高費用化による国際競争力の低下は工場の根こそぎ海外移転という「産業空洞化」をもたらした.

ということで自主規制をせざるをえません。それならば、同じ自動車をアメリカに工場を造って生産すれば、それは立派にアメリカの国内で生産されたものになります。そこで失業問題もアメリカで起こらなくなる。要するにアメリカが日本を批判しつづけた自国企業、産業への悪影響がかなりそこで回避できるということで、積極的に、大企業が工場をアメリカをはじめ世界の国々に造ったという経緯があります。

ところが、高費用経済というものが決定的になった時に、海外に工場を移転させなければならなくなったのは、大企業だけではありません。むしろ中小企業がその必要に迫られてしまうという現象が起こってきます。結局、人件費が高い、土地の費用が高い。中小企業にとっても同じような負担としてのしかかります。ある意味で経営基盤の弱い中小企業は、日本経済の高費用体質をうまく吸収できないということになって、つき動かされるように中小企業が生産拠点を海外、とくにアジアの国々に移転しはじめるということが起こってきました。こうなると、日本の経済、産業の中で物を作るという事業がどんどん行われなくなってきます。とくに工業の面での物作り、いわゆる製造業ですが、これが成り立たなくなってきます。「空洞化現象」と呼ばれる現象が進みます。

日本の国の中でも高費用化のマイナスの影響を受けない部門があります。それは「サービス部門」です。サービス部門というのは、その生産物は物の形をとりません。例えば、床屋さんに行って何にお金を払うのかというと、ハサミやバリカンにお金を払うのではな

「サービス部門」はどんなに高費用になっても海外移転ができない.

くて、ハサミやバリカンを使って毛をちょきちょき切ったり、カミソリを使ってヒゲをきれいにあたってくれたりという、その行為そのものに対してお金を払います。ですから、サービス業というのはその行為そのもの、つまり人間の行為、それが商品です。こういうサービスという商品は、それ自体を輸出できません。もちろん輸入もできないということになります。品物であれば船や飛行機に積んで向こうに持って行って売りさばくことができます。したがって形のある品物、普通、生産物と呼ばれるものは、国境を越えた競争が非常に行われやすくなっています。カラーテレビをどこで作るのが一番安いのか、ということで一番安く生産できるところに拠点を設ける、ということが可能になります。

ところが、サービスということに関しては、例えばマレーシアの人件費が非常に安いので、マレーシアで床屋さんを開業して、床屋さんのサービスを日本に提供しようということはできない相談です。わざわざ飛行機代を払って、マレーシアで床屋にかかったら、それは高いものになります。したがって、いわゆるサービス産業については、物作りとは違って、日本の高費用経済の中でも直接にはそのマイナスの影響を受けない。いってみれば非常に立場の強い部門ということになります。つまり、日本人が床屋さんのサービスを手に入れようとしたら、それは日本で営業している床屋さんのお世話になるしかないのです。床屋というサービスが必要であれば、それは必ず日本の高費用経済という環境の中で営まれるしかないのです。必ずそれは高いサービス料になります。しかしいくら高くても、日

製造業は海外移転で減少し
サービス業ばかりが増えてゆく
日本経済の「サービス経済化」が加速度的に進む.

本人が床屋サービスというものを必要としている限りは、需要があります。これをアメリカなどに移すことはできません。いうなれば、日本という国内での独占のような性格をサービス産業というのは持っています。したがって、高費用経済であるにも関わらず、それがなくならない、あるいは海外に出て行かない。高い費用で営業を継続するということになります。

そんなことで、日本の産業構造がどんどん物作りの比重を軽くさせて、サービス産業の比重が高くなる傾向があります。これを「経済のサービス経済化」と呼んでいます。つまりサービス部門の比重がどんどん増えていくということです。このサービス経済の比重増大ということは、それ自体をとりますと、どこの国でも経済が発展するにつれて起こってくる現象です。物を生産する部門は経済発展につれて相対的に縮小していきます。それにつれてサービス産業、サービス産業だけではありませんけれども、俗に第三次産業という言葉で表される部分です。第一次産業、第二次産業、第三次産業という大まかな分類があって、第一次産業というのは、自然を直接に相手にして生産を行う、農林漁業のようなものです。第二次産業というのは、自然からとれた素材を使って、それを加工する、加工産業、製造業です。第三次産業というのは、目に見えるものは作らないでサービスを提供する。物を運ぶのも第三次産業であるし、銀行などの金融業も第三次産業です。こんなふうに、経済発展というのは、はじめは第一次産業が中心です。江戸時代に農業中心の経済があり

日本の現状の「サービス化経済」は「食糧自給率」の低下に象徴されるように「国民の生活」という観点から見るときわめて不健全・不安定.

ました。だんだん第二次産業、工業の部門、製造業が比重を高くしていきます。そしてさらにその後には、第三次産業の比重が高くなります。

結局、どういう理屈なのか、といいますと、第一次産業、第二次産業というのは、作られる物の性質がわりと生活必需品に近い。食べ物あるいは着る物、そういう生活の基本的な必要がだいたい一次、二次のあたりでカバーされます。これがどんどん発達するということは、生活に必要な基本的な物資がそこで十分生産されている。したがって十分消費できるようになっているという状態になります。そうなると、人間の欲求というのは物ではなくて形のないもの、つまり「サービス」へと向かいます。つまり、それだけの経済の余裕がでてくる、あるいは個人のレベルでいうと、それだけの所得、収入の余裕がでてくるということでもあります。食べ物と着る物と住む所しか手に入らなかった収入のレベルでは、いろいろなサービスを手に入れることができません。しかしそういうものが満たされて、なおゆとりがあるということになると、いろいろなものをサービスとして手に入れます。洗濯を自分でしないで「洗濯屋さんのサービス」を買う、掃除も自分でしないで「掃除屋さんのサービス」を買う、という動きがでてくることになります。

そういうふうに経済がサービス部門の比重を高めていくということは、一般的な傾向ですけれども、日本の場合はその傾向がこの産業の空洞化によって一層加速されていることになります。「物を作る経済」から、「サービスを生み出す経済」という度合いがますます

生活を支えるべき経済のシステムが
経済の論理（営利原則）によって不安定になっていく．

強まってしまいます。そうしますと、結局、経済のあり方としては、一番人間生活の基盤になるべき物が自国の中で生み出されないので、構造として非常に不安定になってきます。一番典型的なのは、農業がどんどんしぼんでしまって、食べ物を自国で賄えないという状況がでてくることです。いま日本の「食糧自給率」というのは、世界でももっとも低い方です。例えば、食糧の基礎である「穀物」の自給率は現在三〇パーセントを割っています。他の主要国はすべて一〇〇パーセントを越えているのです。なぜ食糧自給率が低いのが問題か、というと、結局、何か異常な事態、例えば天変地異でもいいし、あるいは戦争でもいいし、経済の大混乱ということでもいいのですが、つまり世界の経済が通常の動きをしなくなった時、日本に食料が入ってこなくなってしまう、というリスクが絶えずつきまとうことになります。食べ物の供給がストップするのが一番深刻です。着る物とか、普通の工業製品は長持ちしますから、がまんをすれば、かなり長い間それがストップされても何とか耐えられるということです。

そんなふうに、「物を作るという人間の生活を支える基礎の部分」が、日本の場合にどんどん薄くなってしまっています。それは日本で農業が物理的にできないのではない、工業製品が物理的にできないのではない。しかし「採算が合わない」ということで、経営としては農産物が生産されなくなったり、工業製品が生産されなくなったりして、もっと安いものを外国からお金を出して買うことになります。そういう不安定さを、絶えずいまの日本経済は持ちながら動いている、ということを認識しなければいけないだろうと思います。そういう不安定さの元凶というとらえ方をすれば、やはり「高費用の体質」だろう。これを元凶といってしまうと正確ではないかもしれません。高費用のさらにもとがあるわけですから。いずれにしても、生活のシステムとしての日本経済を不安定にさせているのは高費用の体質です。それが「人件費」であり、「地価」であるということになります。したがって解決の方法としては、この二つの元凶をどういうふうにして改めることができるか、という問題がでてくることになります。

現状を直視すればするほど
日本経済は沈没してしまうように見えるが
そこには日本社会の改革の論理がある.

第8章　日本経済は沈没するのか

そこで、そういう現状の問題点というものをふまえて、これから日本の経済がどうなるのか、というとらえ方をしてみたいと思います。いまの話を単純に延長していくと、「日本の経済は救いようがない。このまま本当に海の底に沈んでしまう」という感じがしてまいります。少なくとも、現在のあり方を念頭におく限りは、非常に先行きの暗い未来図ができてしまうことになろうかと思います。しかし、もう少し長く時間をとって日本の経済の来し方を振り返ってみると、前にも強調しましたように、明治以降の日本の経済を考えただけでも、行きづまって崩壊して、その崩壊の中から新しい体制が芽を出し育つということを二度やっているではないか。第一は明治の改革です。幕藩体制が崩壊し、その崩壊のなかから明治体制という芽が伸びてきて、ちゃんと育ったではないか。戦後の改革、第

近代日本が経験した二度の「崩壊と新生」の中に
「日本式改革の論理」が見える.

二の改革というものも、明治体制が結局行きづまって崩壊せざるをえなかったけれども、新しい芽がそこからちゃんと伸びて、みごとに育ったではないか、ということが言えるだろうと思います。そしていま、その第二の改革の結果できた「戦後の体制」が崩壊の危機に瀕している。非常に重体な感じがします。どうしようもない感じもしてきます。そういう崩壊のまっただ中、現場の中で観察をしますと、そういう絶望的な見方というものが出てきやすいだろうと思います。しかし、もう少し距離をおいて眺めるということをすると、やはり第一の改革や第二の改革と同じように、いま現在の状況をとらえてもいいのではないか、ということができると思います。

それで、日本が少なくともこの百数十年の間に二度経験してきた、崩壊と新生という改革の動きの特徴は、どんなものであるだろうかというと、それは絶えず「受け身の姿勢」であった。けっして前向きにどんどん改革を進めたのではないのです。二度ともそうです。一貫して受け身の姿勢が中心です。別の表現をすると、何かが向こうからやってくるのを待っている。「待ちの姿勢」であります。日本の政治家のタイプにもそれが強く現れています。日本の多くの政治のリーダーたちは、だいたい「待ちの姿勢」を得意とする政治家が多かったのです。逆に、日本の政治家としてうまくやっていくためには、「積極的に動いてはいけない」、そういういましめがまじめに語られているくらいです。これはけっして政治家のレベルだけではなくて、日本におけるリーダーの一つの重要な行動様式だろうと思われます。

　ところが欧米の政治家あるいはリーダーは、まさにタイプとして正反対です。待ってるようなリーダーはだれも評価しない。だいたい、待っているというやり方をする人はリーダーに選ばれない、という違いがあります。それはアメリカの大統領やイギリスの首相という、非常に目立つ存在の政治家がどんなことをやっているか、日本のリーダーたちと同じやり方かどうかをちょっと観察すれば、違いは一目瞭然だろうと思います。日本の長い歴史のなかで育まれてきた体質だろうと思いますけれども、リーダーというものは積極的に動かない。動いてはいけない。待っていて、相手が動くのに対応して反応すれば、それが一番うまく収まる。こんな図式ができあがってしまいました。まさに明治維新もそうです。幕藩体制が崩れるということも、結局、外国の圧力を受けて、仕方なしにそういう大きな転換をすることになったという経緯があります。また、第二次大戦後の大きな改革というのも、まさに受け身の改革であった。本当はそんなことは望まなかった、しかしそれは仕方がなかった、そうせざるをえなかった。待っていた結果、そういう判断がぎりぎりのところで行われて、いろいろな改革が実行されたということになります。

　そう考えますと、いま日本の経済が崩壊しかかっている、さまざまな面で崩壊現象が出ている。それに対して政府や、あるいは企業のリーダーたちが、いまどういう姿勢をとっているのかというのは、歯がゆいくらいの「待ちの姿勢」を貫いています。何か事が起こっ

日本のリーダーと欧米のリーダーの行動様式の違い
――日本は「待ちの姿勢」，欧米は「積極姿勢」．

日本式改革の論理——リーダーなき改革, 受身の改革.

て、絶対にこれは処理しなければいけないという時にだけ動く、ということが一般的に見られます。しかし、それはけっしてめずらしいことではないし、日本のいままでの長い歴史のなかでは、そういうことでしか日本の改革が進まなかったのです。ある強力な個性のリーダーが出て、こうやって変えようと旗を振って、どんどん歩いていってしまったら、結局、その改革はうまくいかないのです。一人で踊りを踊って、それで終わり、というような状況になりがちでした。そんなことを考えると、いまの状況も目立たない動きの中に、いつものパターンが進行しています。必要に応じて改革が進んでいくという変わり方をするであろう。したがって、展望としては「一見どうしようもない。どうするんだろう」とだれもが思っているけれども、待っていると何か道が開かれてくるという変わり方がまたでてくるのではなかろうか、ということをまず申し上げて、では、具体的に、これから日本の経済がどういう方向に進んでいこうとするのだろうか、ということを、いくつかのポイントを押さえながら話していきたいと思います。

これからの日本経済は
「大平等時代」から「大競争時代」へ.

第9章　日本経済はどこへ行くのか

これからの日本経済の環境としては、「競争」という要素が確実に強くなっていく、ということが言えると思います。これからはいままでの「大平等時代」に代わって「大競争時代」になるだろうと思います。世界史のなかで「大航海時代」と呼ばれる、世界が非常に新しい局面を迎えた時代がありました。だいたい一五世紀から一七世紀の時代ですけれども、例えばコロンブスがアメリカ大陸を発見しました。ヴァスコ・ダ・ガマが船で喜望峰周りでインドに行くルートを発見しました。すべていままではだれも怖がって行こうとしなかった遠くの海、大西洋、太平洋に船でどんどん冒険をはじめた。「大航海」です。遠い航海をして、その結果、さまざまな変化が世界に起こりました。とくにヨーロッパの世界に起こりました。そういう大航海時代に似て、これからの日本経済は、多くの冒険と挑戦

日本の伝統的社会は
無競争・相互扶助社会.
人間の生活環境としてはのどかな，好ましい状態.

を必要とする大競争時代を迎えるのではなかろうか、ということです。つまり、企業やわれわれの生活環境が非常に大きく変わっていくだろう。明治維新で環境が大きく変わりました。第二次大戦後も大きく変わりました。今度もそれに勝るとも劣らず、大きな環境の変化がおとずれるでしょう。

いままでの日本の経済、広くは日本の社会は、前々から強調してきたように、なかなか競争原理が働かない、「無競争の社会・経済」でした。競争をしようとすると、それを抑えようとする力が働いて、結局、無競争の状態になる。それは結局、日本の社会の体質というものが、お互いに助け合って共に生きていけるような体質を持っていたからです。「相互扶助」という言葉で表されるような体質を持っていました。相互扶助というのは、ある意味で、非常に閉鎖的な社会でしか生まれてこないのです。けっして開かれた社会ではありません。しかしその閉鎖社会の内側自体は、非常に平和な、生活のしやすい、いい環境です。望ましい状態でした。しかし、そういう状況は永遠にどこでも保障されるのではなく、結局、しばしば外の荒々しい環境が影響を与えて、平和ないい生活が乱されてしまうということになります。いままでの日本の社会というのは、「人間が生活をする」という観点からつかまえますと、けっして悪くないのです。むしろ非常に好ましい状態であったといっていいだろうと思います。しかし、それは世界全体の生活のあり方からすると、むしろ例外でしかなくて、だいたいはきびしい環境、つまり競争の中を勝ち抜いて生きていかなけ

日本の政府は弱肉強食の外界から
国民を守る政策をとりつづけた.

ればいけない、というのが大多数の生活環境であったと思います。

じつは明治というのは、そういう世界のきびしい生活環境が日本にどんどん押し寄せはじめた時期であったのですが、それをそのまま日本の中に取り込むと大混乱になるということで、明治政府は一貫してそれを抑える、必要なものは入れるけれどもマイナスのものは入れない、というやり方をずっととってきました。戦後もその方向が守られます。とくにさきほど申し上げたように、貿易政策という点では、都合のいいところだけ採用するということをやりつづけてきたのです。しかし、だんだんそういうご都合主義の経済運営、社会の営み方は許されなくなってしまうという状況にきています。日本を保護してきた温室のドームのようなものがどんどん姿を消していく、という状況だろうと思います。したがって、世界の舞台ではごく当たり前のきびしい生存競争が、これからの日本にとって普通の環境になるだろうということになります。

いままでの日本の経済の動き、あるいは社会の動きは、人間関係によって方向づけられてきた、という要素が大きいだろうと思います。これは一時期どこの社会にもあって、とくに古く遡っていきますと、それが身分関係という上下の関係になっていて、その身分関係によって世の中が営まれていく、ということがありました。日本の社会・経済というのは、基本的にそういう人間関係による営まれ方という要素をまだまだ非常に強く持っているということになります。それは、生活の仕方としては非常に安全で居心地がいいという、

政府による「無競争経済」の演出は
前向きで重要な歴史的役割を果たしたが,
ついに日本経済の競争力を弱め
脆弱な体にしてしまった.

い い面を持っていると同時に、競争にさらされた場合には比較的弱い。つまり、企業が物を買うのに人間関係で物を買う、あるいは工事を発注するのに人間関係で工事を発注する、などということはいまでもしばしば行われています。そうするとどうなるか。必ずしもコストが一番安い状態が実現できない。「あの人と友だちだからあの人から買おう」。結果的に高いものを買う。「あの人にこの工場をやらせよう。昔からのつきあいだから、あの工務店にやらせよう」。しかし高い建設費用がかかる、という体質が知らず知らずの間に日本の中にはびこっていたのです。

したがって、とくにそういう人間関係の影響力の強い「公共事業」については非常に高いコストがかかってしまいます。形の上では「競争入札」ということをやって、手続きとしてはちゃんと公正に競争させて、一番安い価格で工事ができるはずだというシステムが一応つくられています。しかしそれは形だけであって、どうも中身の運用・動きというのは、競争ではなくて人間関係で決まってしまう、という行動原理の違いがずっとあります。

ですから、日本の国内の状況だけ考えて見ていると、それほど気にならないのですが、外国で、例えば同じような体育館を造ったとするといくらでできるだろうか。例えばこれだけの校舎を造るのに、いくらかかるだろうか。アメリカでいくら、ドイツでいくら、という計算をしますと、日本の費用はとにかくべら棒に高い。外国の専門家がびっくりする。なぜこんなに高い費用をかけないとこの建物ができないのだろうか。理解できない、そう

「大競争時代」の行動原理は「人間関係」から「金銭関係」へ.

いう状況になっているのです。したがって、競争が行われにくい風土、人間関係で事が処せられていく風土というのは、結局、競争原理という観点からすると、非常に弱い性質を持ってしまいます。だから「競争する必要はないんだ」という環境であれば、それはそれでメリットがあります。しかし、好むと好まざるとにかかわらず、競争にさらされてしまうという状況がいま押し寄せています。そんな時にいつまでも人間関係という原理だけで事を処理していくと、競争に負けてしまう。生きていけない。そういう時代に入りはじめているのです。

じゃあ、人間関係で事を処理してはいけない、ということであれば、どうするのか。人間関係に代わって「金銭関係」しかないだろうということになります。したがって、「人間関係の時代から金銭関係の時代へ」というキャッチフレーズが考えられます。私が人間関係から金銭関係へ移るということをいったのは、けっしてそれがいいことだという意味合いで言ったのではありません。私はクールに将来を展望しなければいけないということでお話しているので、私自身はけっしてそれはいいことではないけれどもたぶん方向としてはそこへ行くだろうと考えているのです。金銭関係が中心の原理にならざるをえない。結局、一貫してそうですけれども、いわゆる物事の処理がお金の力で行われるようになる、という傾向はじつはもう何百年も前から一貫して続いているのです。年貢米は物で納められていました、小作料も物で納められていました。そして小作制度を改良しようとした時

大競争時代は一人一人の「能力」が値踏みされ「格付け」が行われる.

に、小作料を金納化しようという案がありました。それに見られるように、事態を改良しようということになると、流れとして「物から金へ」という動きが必ずでてきてしまいます。これはいい面もあるけれども、一般的には必ずしもよくない。現在でも、例えば友だちが結婚する、何かお祝いをあげたいという時に、お金を包んでやるというのがごく一般的な風習になっています。しかしかつては自分で選んだものを心をこめて贈る、というやり方がごく当たり前でした。もらう方もお金をもらうということには抵抗がありました。何か軽く扱われたような嫌な感じを受けたというのが、かつての考え方でしたけれども、いまはまったく逆になって、「お金が主役」になっています。結局、それは現代の社会のなかでお金の活躍する場が確実に広がっているということだろうと思います。商品経済の受持ち分野が増えていくということでもあります。

そんなふうに「大競争時代」になり、「人間関係」が軽くなって「金銭関係」が重くなっていくという状況のなかで、具体的にどういう動きがでてくるのだろうか。いままでは人間同士・仲間同士のあいだで、どちらが優れていてどちらが劣っているかというような評価は一般的に行われなかったのです。つまり、一つの組織の中で生きていく場合に、みな仲間として同じ権利、同じ資格を持っているとされて、どの人がより優れた能力を持ち、こっちの人はだめだというようなことは、なかなか出てきにくかったのです。むしろ「そういうことをしてはならない」という相互扶助、相互尊重、あるいは互恵の関係が非常に

建前としての「平等」がいま崩れつつある．

重みを持っていました。しかし大競争時代になると、そういう互恵の関係、相互扶助というものがほとんど意味を持たなくなり、またマイナスになっています。何がそれに代わって登場するのかというと、いわゆる「格付け」ということが確実に広がるだろう。前に格付けの話をして、その時の話は、日本の国とか日本の企業がどういう格付けを受けているか、ということを話しました。

しかし、私が、「これからは格付けの時代だろう」という意味はもっともっと広いのです。あらゆるもの、とくに「人間そのものの格付け」が行われはじめるだろう、ということです。いままでのような横並び、「形の上での平等」がいま崩れつつあります。そうすると、例えば賃金を払うという場合にも、いままでは横並び式に賃金を払っていました。しかしこれからは、あなたにはいくら払いましょう、こちらの人にはいくら払いましょう。なぜかという理由を格付けの形で知らせるということがどんどん広がってきつつあります。「終身雇用、年功序列」というのがいままでの賃金体系でした。しかしこれからは「能力」に応じて賃金が支払われるのです。そして終身雇用ではありえなくなって、一定の期間を限って雇用の契約を結びます。そして契約の更新の時には評価、つまり格付けが検討されて、格付けのランクがアップするのか、あるいは下がるのか、あるいは変わらないのか、というチェックが確実に行われます。人間に対する格付けが広がる時代ということです。「人間の格付け」という言葉は、一般にはなじまないのですけれども、結局、一人一人の人

これまでの賃金は横並び式賃金.
これからの賃金は一人一人の業績が評価されて格付けされる.

間の「値段」が問われる時代になるということです。大学を出て何年経ったからいくらだ、という横並びの賃金を払っていると、その企業は経営が成り立たないという状況です。したがって、そのままでは企業の沈没を意味します。そこでいま多くの企業は、賃金と雇用の制度の抜本的改革を余儀なくされているのです。いま「リストラ」という言葉は、一般的には「人員整理」みたいな意味で受けとめられていますけれども、この賃金・雇用制度を抜本的に改めるということも、じつは「リストラクチャリング」の重要な一環です。こういうことを進めることによって、「高い人件費」というマイナス面を少しでもカバーしなければ世界との競争に打ち勝っていけない、こういう状況がどんどん広がってきています。

そんなふうに、格付けということで個々人が評価されるようになりますと、自分のもらう賃金は、結局、自分の責任において決められた、あるいは評価されたものだという状況になってきます。つまり格付けが下がって、賃金があまり多くもらえなかった。「だれの責任であるか。自分の責任である」ということになります。一律賃金の場合は、個々人は賃金の高さについての責任をほとんど感じません。だれがやっても同じです。努力しても同じです。だから自分の努力や自分の責任とはまったく無縁のところで賃金が決まる、という理解をしていました。しかし格付けが広がり、賃金の違いがどんどんでてきますと、「自分のもらう賃金は自分の責任で決まる。自分の責任で説明しなければいけない」ということになります。つまり「自己責任の時代」ということが、当然のようにしてでてきます。

大競争時代は自分で自分の賃金に責任をもつ「自己責任の時代」.

自己責任という言葉は、いま一つの流行語になっていまして、このきびしい経営環境のなかで経営を保っていくためには、一人一人の人間が自分のしたことに自分で責任を持つという体制を作らないと絶対にだめで、自分の足で一人一人が立つということです。例えば、満員電車の中で自分の足を両方とも上げても倒れない、ということがあります。あんなふうに寄りかかっていると、自分の足にまったく力を入れなくても立っていられるということがあります。いままでの日本の企業の仕組みは、満員電車の中で自分の足に力を入れなくも大丈夫だという状態に似ています。そんなわけで、「これからはよりかかりの姿勢はだめなんだ。楽ちんだということが通用しなくなってしまうだろう」という意味で自己責任という言葉が横行していることになります。

ただ、「自己責任」という言葉はたくさん登場してきますけれども、実際、自己責任を全うするというのはどうやることなのか、という問題になると、非常にむずかしいだろう。欧米の責任の感覚というのは、伝統的に自己責任というとらえ方をしてきています。ですから、そういう伝統的な自己責任の国の人々から見ると、日本人のいっている自己責任というのはまだまだ甘い、あんなのは自己責任とは言えないだろう、という状況になります。結局、日本の企業にとっての経営環境というのは、長い間、自己責任をとる必要がなかったのです。「責任を持つべきなのは政府である。大蔵省であり日銀である」という感覚が肌身についているのです。だから自分でちゃんと立たなくても支えてくれる人がいる、とい

これまでの日本人・日本企業の行動様式は
満員電車のもたれ合い,
自分の足でちゃんと立っていなかった.
「格付け」という冷厳な「世界のルール」が
日本のなかで働きだす.

う意識が日本中にみなぎってしまっています。しかし、銀行の倒産という出来事で現れたように、政府が企業、銀行を支えつづけることはもはやできない。もしも相変わらず企業を支えつづけるということを続けたらどうなるだろうか。日本の国が全体として倒れてしまうというくらい、きびしい世界環境が押し寄せてきているということになります。

そういう「競争」という環境が強まり、そして「人間関係」が主役ではなくて「金銭関係」で事が動くことになり、したがって「格付け」が一般化し、一人一人の人間が平等ではなくて差別化されるという状況になり、すべてのことが自分の責任で受けとめられなければいけないという状況になります。繰り返しますけれども、けっしていいことではないと思います。しかし、これが「冷厳な世界のルール」であります。開かれた環境をつくらざるをえない日本としては、この世界のルールをそのまま日本の中に取り込まざるをえない、という状況に直面していると思います。その結果、賃金と雇用の制度が確実に変わっていくということは、いま申し上げました。

しかし、賃金の制度だけではなくて、私が強調したいのは、もっと広い意味の「報酬」ということです。何かをした対価として金銭等を受け取る。これを報酬といいます。報酬というものが確実に変わっていくのではないか。「報酬のあり方」といいますか、大げさな言い方をすれば、それは「報酬革命」という言葉で表してもいいくらい、大きな変化をするだろうと思います。報酬の代表というのは賃金です。賃金については、いまいったよう

大競争時代は「報酬革命」の時代でもある．
報酬が保障されている時代は終わった．

に、日本でかなり長い間守られてきた「年功序列型賃金」というものが崩壊して、一人一人の能力、格付けによって報酬が支払われる。これが報酬革命の重要な柱になるだろう。

しかし、それだけではなくて、例えば、いままでの日本の年功序列型賃金というのは、終身雇用を前提にして成り立っていました。つまり、企業に就職して働くということは、基本的にそこにずっと長い間奉職する、という前提がありました。よほど不都合なことがない限り、同じ企業に勤めるというとらえ方がありました。それを前提にして、だから賃金ははじめは低い状態からだんだんと高い状態に、階段を登るようにして上がっていきます。逆にいえば、年功序列型賃金というものが作用している状態では、早く辞めると損をしてしまう、あるいはくるくる辞めると損をしてしまう、ということです。少しぐらい嫌な職場でもがまんして一〇年、二〇年と勤めていると、階段が二〇段上がれます。だから二、三年でくるくる辞めていると、いつも階段の二、三段のところでがまんしなければいけない。それは極端な話ですけれども、そういうふうに、一つの企業に一生懸命長い間つくすということが必要な賃金体系、つまり年功序列型の賃金体系というものを生み出していったのです。

そしてこの年功序列型の賃金体系のもう一つの付録は、「退職金」ということです。長く勤めるとちゃんとまとまった退職金が出ます。ですから、くるくる勤めを変えますと、退職金がほとんどもらえないということになって、動機づけとして終身雇用、一つの企業に

「報酬革命」の寵児――「ストック・オプション」.
企業への貢献をお金の力で引き出す.

一生懸命つくすということにならざるをえない、という体制が築かれてきました。そういうとらえ方というのは、日本の社会にある人間関係の重視というものが側面で重要な役割を果たしています。ですから安定して長く同じ企業に勤めた人は、いい人間関係を持っているだろう。くるくる辞めて、職の定まらないような人はどうもおかしいのではないか、人間関係に問題があるのではないか、というような受けとめ方をかつてはされました。いまでもそういう傾向はあるだろうと思います。

それに対して、これからの企業の報酬体系の中で、企業に長く勤めて、一生懸命やってもらうためにはどうするか、というのが別のやり方、別のシステムででてくるだろうと思います。これはまさに、人間関係で企業に長くしっかりと奉仕させる、ということがもう通用しなくなってしまったので、金銭関係で企業に一生懸命長く貢献させる、そういうシステムが登場するだろうと思います。それは欧米ではごく当たり前の制度になっている「ストック・オプション」と呼ばれるものです。ストックというのは株券で、オプションというのはそれを選択する、選んでもいいという意味で、日本語にあえて置き換えますと、「自社株購入権」という表現が使われます。自社株というのは、その人が勤めている企業の株式という意味です。どういう制度かといいますと、従業員に、勤めている企業の株式を一定の値段で買ってもいいという権利を与えるのです。その一定の値段というのは、普通はその権利を与えようとする時のその企業の株式の時価です。株式市場で株の相場が成立し

「自社株」を千円で買う権利を与えられ五年後に株価１万円であれば，一株につき９千円の「ボーナス」が発生.
従業員のガンバリが直接自分に還ってくる.

ます。その株のその時の相場を確認して、あなたにこの自社の株を、例えば一万株、いまの値段で購入する権利を与えますという約束をします。ただし、その購入権を実際に行使して、一万株の自社株を手に入れられる時期は、少し先の将来に設定します。例えば、三年先とか五年先とかに設定します。そしてこの権利の行使も、例えば一〇年以内にやりなさいと決めておきます。

それでどういうメリットがあるかというと、従業員は自分の会社に一生懸命貢献すれば、その会社の業績が上がります。上がりますと、株式市場でそれが評価されて株の値段が上がります。そうしますと、がんばれば、何年かたった時に自分がストック・オプションを会社から与えられた時のその株の値段よりも必ず上になっています。反対になってしまうこともあります。反対になった場合は意味がありません。けれども、大前提は一生懸命働けば必ず業績が上に行って、オプションで決めた買い取り価格よりも高い相場が成立する。その時にその従業員は購入する権利を実際に行使します。そうすると、例えば一万株を買うとして、ストック・オプションを付与された時の値段よりも株が千円上がっていたとします。千円上がっていた場合には、その付与された時点のお金を払って、一万株を手に入れることができます。そして手に入れた直後に市場でプラス千円で売ることができます。したがって時価より千円安く買って、すぐ時価で市場で売るということが可能になります。一万株をそのまま持っていれば、千円上がったら一千万円、あっという間に手に入るとい

アメリカでストック・オプションは
経済再建の切り札として活躍している.

うメリットがあります。

これがアメリカでは制度として、アメリカの経済の建て直し政策の一環として登場してきました。なぜこれが効果があるのかというと、従業員はストック・オプションをもらったら、株主になります。従業員であると同時に株主である。あるいは経営者のような意味を持ってきます。したがって自分が一生懸命その会社の仕事に励めば励むほどメリットが自分の方に来る、そういう意味合いがあります。そうしますと、せっかくストック・オプションをもらったんだから、これでちゃんと得するようにがんばろう、このメリットを生かすようにがんばろう、あるいは権利が発生するまでこの会社で長く勤めよう、という動機づけになります。日本の人間関係重視の企業経営と違って、欧米では金銭的動機で会社をどんどん替わっていくということが当たり前のことになっています。ちょっと高いペイを出すというと、ぱっと移ってしまいます。しかも優秀な人材ほど引き抜かれて、会社からいなくなってしまうということが欧米では起こりやすいのです。そうすると、企業の人事管理のポイントというのは、優秀な人材を長期にわたって確保するにはどうしたらいいか。これは人間関係ではだめです。絶対止めておけない。日本もとうとう人間関係で優秀な人材を長くつなぎ止めることができなくなってきました。しかも年功序列賃金という長期定着の役割を果たしていたものがコスト高になって守りきれない、ということで崩れていきます。そうするとアメリカですでにあって、そうとうな効果が上がっている、このス

ストック・オプションは
ベンチャー企業の資金不足を補い
スタッフに活力を与えるのに最適.
社長にも顧問弁護士にもストック・オプション.

トック・オプションという制度を日本でも導入して、社員に対する報酬が現金で支払われないで株式で支払われる、という報酬の支払い方の変化が起こってくるということは、たぶんまちがいありません。

日本でもストック・オプションの制度を法律で作りました。けれども似て非なるもので、あまりうまく働いていていない。利用する企業の側からすると、こんなストック・オプションの制度は使い勝手が悪くてしょうがない、もっと使いやすいように改めてくれといって、せっかくできた日本のストック・オプションの制度ですけれども、非常に評判が悪いのです。なぜ評判が悪いかというと、アメリカのように「金銭の動機づけ」がはっきりしてないのです。まず、ストック・オプションで従業員に与えてもいい株の総額が非常に少なく制限されています。したがって少ない枠を何人かで分ける、あるいは何十人かで分けると、一人が手に入れる株数が本当に微々たるものになってしまう。したがって金銭的な動機づけとしては、たとえ株がある程度上がったとしても、手に入るのはせいぜい百万とか二百万ということで、あまり大きなメリットがない。それと全従業員にストック・オプションを与えるというのがアメリカ、イギリスのやり方ですが、日本では結果としてそれが不可能です。アメリカでは役員や社長もやはりストック・オプションをもらいます。

これはアメリカでの話ですが、ベンチャー企業などははじめに資金がありません。ベンチャーというのは成功するかどうかわからないから、お金を出してくれる人があまりいま

日本のストック・オプション制度はまだまだ不充分.
法律の縛りが多すぎる.
企業の自由な運用に任せることが重要.

せん。で、どういうことをやるかというと、株式を発行します、株式を発行するというのは紙で印刷すればいいので印刷費しかかからない。そしてその株券をストック・オプションとして社長にやってしまう。あるいは役員にやってしまう。従業員でもいいです。そうすると結局、現金がいらないのです。将来、そのベンチャーがうまくいって株がどんどん上がると、もらった「紙切れ」がものすごい値打ちになってくるということがあります。そしてその紙切れを「紙クズ」にするのも「お宝」にするのも社長や従業員のやる気次第です。ダイヤモンドのように高くするのも社長、従業員のやり方次第ということになります。

したがって、このストック・オプションの制度のアメリカ並の運用というのが、これからの日本にとってはたぶん避けて通れません。いまそうとう企業が利用したいと思っています。優秀な人材を長期にわたって定着させるためには、もういまの年功序列ではだめでしょう。そうするとストック・オプションしかないということで、できるだけたくさんの従業員にストック・オプションを、しかも一人あたりたくさんの数の株式を与えないとだめです。いまの法律（商法）では付与可能な総数が「発行済み株式数の一〇分の一以内」で、しかも「配当可能利益の範囲内」と制限されています。そうするとやはりストック・オプションで、金銭的な動機づけがそれだけ弱くなってしまうということです。たぶんそのうち不満を解消できるような改良をせざるをえないでしょう。これを取り仕切っている日本の監督官庁、大蔵省の考え方の古いところで、アメリカではどんどんそういうものを

日本の報酬は組織をどれだけ守ったかが評価される,
欧米の報酬は組織をどれだけ変革したかが評価される.

実行しているのに、日本の官庁は前向きの対応をしていません。例えば、ストック・オプションで株式を取得した段階で、「権利行使価格」と権利行使時の株式時価との差額を「給与」と見なして税金をかけて、さらに、その株式を市場で売却して、「利益」を手に入れた場合には、「分離課税」として二六パーセントもの税金をかける、というような、この制度に否定的とも思える取り扱いをしています。こういう体質を持った政府というのも、いまの日本経済の新しい方向というのを阻んでいます。企業は確実に変わろうとしているのです。なぜかというと、それは絶対必要だから。それがないと会社が成り立たない、経営がうまくいかないということで、こういうふうに変えたいという。ところが大蔵省は、そこはやってはだめだ、こっちへ行くな、というようなことでおさえています。積極的な根拠は何もないということで、やはり日本のお役人というのは頭が固いのかなと思います。

いま、「報酬革命」という話をしていますが、いままでの報酬の考え方は賃金に典型的に現れていて、生活ができるように、という物差しで測った「生活給」ということでした。それともう一つの特徴は、「組織の存続」のためにどれだけ貢献したか、ということの評価として報酬が出されるという性格も持っていたと思います。ですから「退職金」というのは、二〇年とか三〇年とか一つの会社をちゃんと維持していくために働いてくれた、という意味を持っています。それに対して、新しい報酬のあり方というのは、組織なり体制の維持、存続のためにどれだけ貢献したかということではなくて、むしろその組織や体制を

日本経済の「無風状態」は終わった．日本の報酬も変革を尺度にして決定されはじめる．

「変革」していくためにどれだけ働いてくれたかという、よりアクティブな、前向きな物差しを使った報酬の制度になるだろうということです。欧米の報酬制度の物差しは、一貫してそういう性質を持っていて、どれだけ新しいことをやったか、どれだけ企業のあり方を変えたか、という一歩踏み出したところが評価されるということになります。それに対して、従来の日本の報酬の評価は、どれだけじっと同じ体制を維持できたかという、いってみれば「待ちの姿勢」に対する評価だろうと思います。

なぜ日本ではじっと同じ状態を続ける、支えるという点が報酬の対象になり、欧米ではいかに現状を変革したかという、より積極的な働きが報酬の対象になるのか、といいますと、日本と欧米の企業が歴史的におかれてきた環境が全然違うからだろうと思います。何度も強調しているように、日本の企業環境というのは、それほどはげしい変化をしません。いってみれば無風状態という、おだやかな環境がずっと続いてきました。したがってそういうなかでの企業のあり方というのは、別に変革をするという必要はでてきません。むしろ大切なことは、前からの状態を同じように保っていく、というきわめて保守的なとらえ方がどうしてもでてきてしまいます。こういう従来の日本型の生活環境、企業環境というものは、現在のように環境の変化が目まぐるしい場合には、なかなかうまくついていけません。そして古い物差しで報酬を測ると、じつは報酬を与えるべきでない人に報酬を与え、報酬を与えるべき人に報酬を与えなくなってしまう、という現象が起こりかねません。欧

もう一つの「報酬革命」――「年金制度」の変革.
これまでの年金制度は
「右肩上がりの経済」を前提にしていた.

米の場合には、歴史的に競争が絶えず渦巻いているという企業環境が続いてきました。したがって、いつ何が起こるかわからない、絶えず企業を取り巻く環境が変わっていきます。したがって、評価されなければいけない行為、報酬を与えられなければいけない行為というのは、いかにその変化にすばやく対応をしたか、うまく変化に対応できたか、ということが最大の基準にならざるをえないということで、結局、日本経済の無風状態と、それから欧米の経済のきびしい競争環境というものが、そこにおける報酬のあり方、何に報酬を与えるか、というものを異なったものにしてきたのだろうと思われます。

しかし、結局のところ、日本も日本的無風状態をこれ以上維持することはできなくなってしまうということになって、欧米並の報酬の制度というものを多かれ少なかれ導入せざるをえないでしょう。結局、これも企業の社員なり経営者なりが、自分の責任においてどれだけやったか、ということが非常に重要なポイントになってくるはずです。日本の社員、経営者は前と同じことを踏襲していればいい。ですから自分の責任においてそのことをやったという形は、あまり強くでてきません。前の人がやったのと同じことをやっただけだ、それを守ろうとしたのだ、という意識がでてくるので、「私が責任を持ってやった」という受けとめ方が希薄になってしまいます。それは当然です。同じことをやっているのですから。ところが、前とは違ったことをやらざるをえない、新しい変化に対応したことをやらざるをえない、という状況のなかでは、自分のやった新しいこと、変革というのは、すべ

企業年金も国民年金も財源不足が深刻化している.
企業年金を廃止する企業も出はじめている.

てその社長あるいは社員の責任である。こういうことで、「自己責任」という体制が前面にでてこざるをえない、ということになるだろうと思います。

もう一つ、報酬制度の革命ということでお話したいのは、年金というのも一つの報酬制度です。日本の国民として長く働いた、貢献した、あるいは日本の企業にちゃんと貢献したということを前提にして、企業を退職した後、一定の報酬を与えられます。これが年金ということです。この年金という報酬制度、これも確実に変わっていくだろうと思います。なぜかというと、とくに年金のうちの中心部分を占める企業の年金、これがものすごい財政悪化にみまわれています。「企業年金」というのは、企業が一定の金額を、従業員が退職した後の報酬として支払うべくお金を貯めていくという制度で成り立っています。その年金のための基金というのは、必ず貯めておかなければいけないのです。貯めておくということは、それをちゃんと利息がつくように運用しなければいけない。そして運用した場合に、毎年どれぐらいの利子、つまり果実が手に入るか、ということを計算します。それで将来、社員にこれぐらいの年金を支給するためには、企業はどれだけのお金を積み立てていけばいいか、という計算をして積み立て、そしてそれを実際に運用してきたのです。

ところが、日本の経済が傾きはじめてから、企業の積み立てる年金の額が急速に圧迫されはじめました。企業年金というのは、社員がいますぐ辞めても大丈夫なようにという前提で積み立てることになっています。しかし、倒産するということでもない限り、実際は

年金制度も自己責任時代へ.
国の庇護はますます薄れ，頼れるものは自分だけ.

一斉に辞めることはないのです。そうしますと実際は、必ずこれこれの額を積み立てていかなければいけない、という必然性がでてきません。どうしても先に手当てをしなければいけない運転資金などが優先されて、企業年金の積み立て額が不足するということになってきます。そういうことがずっと続いてきて、このままいくとそうとうな積み立て不足になってしまいます。だから将来、本当に年金の支払いが必要な時には、その不足額をちゃんと補わないと、計算どおり、約束どおりの金額を支給できないことになります。

もう一つは運用の問題ですけれども、あてにしていた利回りが当然実現できません。したがって、増えるはずの基金が一向に増えないということも手伝って、「財源不足」という問題がでてきています。簡単に不足額を積み立てようとしても、企業の財力がどんどん落ちています。それどころではないという企業が続出していて、将来の不足がどうも解消できないのではないか。このままいくと、不足のまま実際に年金を支払わなければいけないという状態になってきます。そうすると当然、財源がちゃんと確保されていないものですから、約束どおりのものが払えなくなってしまいます。企業年金として破産してしまう、ということが現実に起こりそうだということになっています。そこでこの年金の制度というものをどうするか、ということが企業年金としてもでてきています。もう一つは、「国民年金」という形で、国が日本の国民であれば基本的に年金を支給しますという制度を整えました。これは福祉制度が日本でちゃんと整っているということでいいのですけれども、

アメリカの自己責任型企業年金「401(k)」.

問題は、こちらの方も財源不足で、将来の運用が非常にきびしいということになっています。

そこで結局、国の運営する国民年金にしろ、企業が責任を持つ企業年金にしろ、とにかくもうこのままでは崩壊ということになって、どうしようか、という話が前々からでています。「年金制度改革」ということがもうずっと前から言われていて、最近ようやく企業年金についての一定の改革方向がでてきて、それによると、結局、年金が減っていきます。当然それしか選択肢がないのだろうと思います。ですから、かつて保障されていたような条件では、これからの人は年金をもらえないということになります。そしていままでは六〇歳支給ですが、段階的に支給の年齢を引き上げて、数年先には、六五歳支給にするという措置をとらざるをえないのです。金額も抑え、支給年齢も引き上げるなど、いろいろケチってなんとかやりくりしなければ、という状態になっています。いずれにしても、福祉の制度としての年金制度がそうとう行きづまってしまっている、ということは国民年金の制度としてもでてきています。企業年金の方は、さっきいったような状況ですけれども、これも何とかしなければいけないということで登場してくるのが、やはり自己責任の年金にしよう、という考え方です。結果として、なんだかアメリカの後をついていくという傾向がどうもぬぐえません。いろいろな点でそうです。積極的にまねしようということではなくても、気がついてみると、それはもうアメリカでは行われている、そんなことはアメリカではすんでしまった、というようなことが、実は非常に多いのです。

アメリカの経済改革の切り札「401(k)」は日本に導入されるか

アメリカですでに導入されている自己責任型の年金制度というのは「401(k)年金」という言葉で表現され、新聞などでごらんになったことがあるだろうと思います。どういう制度なのかといいますと、企業が勤めている社員の将来の生活をカバーするために年金を支給するという趣旨ですけれども、その場合に年金の料金、納めるお金を企業も負担し、本人も負担するということをやって、しかもその両方で負担しあった基金を企業が責任を持って管理するのではなくて、個々の従業員が自分で責任を持って管理する、まさに「自己責任の年金制度」という特徴を持っています。この制度もアメリカでやはり企業の改革の一環として登場してきて、これが導入された時に、この年金に加入して支払われた保険料は課税しない、つまり免税にするということをやりました。そうしますと、結局、加入した従業員の立場からすると一種の貯蓄になります。普通の貯蓄は自分が積み立てた分しか自分のものになりません。けれどもこの企業年金は、それと同じ額を企業も負担してくれる、ということですから、自分が実際にふところから払った年金の料金、この倍の金額が積み立てられます。しかもそれに税金がかからない。アメリカの場合は、普通、保険に入って料金を支払うということをやった場合には、ほとんど税金がかかります。かなり徹底した税金のかけ方がアメリカではごく当たり前になっています。

ところが日本では、年金の料金は税金をかけない、というかなり優遇された状態です。アメリカでは例外的に免税ということであり、しかも貯蓄として非常に有利である、企業

「401(k)」は「確定拠出型年金」.
従業員と企業が折半拠出した金額（資金）を
従業員の自己責任で運用して老後の生活に備える.

も出してくれるということで、資産形成という点でものすごい動機づけになりました。それでかなりこれが急速に普及して広がってきています。それをこちらから眺めている人が日本にたくさんいて、政治家も眺めていたのでしょう。あれは使えるのではないか。つまり何が使えるかというと、「自己責任」というところがこれからの時代に非常に合っていると。つまり、いままでの企業年金は企業が全責任を持つのです。ですから「右肩下がり」の時代にはものすごい負担になってきます。その責任を財源不足等々で全うできないかもしれない、となった時に、これは大変な問題だと。それならばアメリカにいいお手本ができたから、この自己責任の年金制度を日本でもやってみたらどうか、という議論がしばらく前から起こっています。それでかなり「日本版４０１（k）」という制度の骨組みができあがってはいます。しかしうまくすべりだせるのかどうか、ちょっとわかりません。いずれにしても、年金という報酬制度の非常に大きな転換が行われる、ということはまちがいありません。

その場合に、これは従来の年金とどう違うのかというと、従来型の年金は、この年金制度に加わっている人には、将来いくらの年金を支給しますよ、という約束をしているのです。守られないこともありますが、一応その時点では、受給年齢に達した時にこれこれの金額の年金があなたには出るはずですと。それを「確定給付型年金」といっています。つまり、いくらもらえるのか、ということがあらかじめはっきりと決まっているからです。

従来の年金は「確定給付型年金」
——将来の一定の給付額が保障されている.
制度の運用は企業や国が責任をもつ.
日本人の年金観は「恩給」が原点.

いまの日本の年金は全部そうです。守られないことがあるというのは別です。けれども少なくとも必ず、将来いくら出ますよ、という金額が事前に提示されます。これを確定給付型年金といいます。それに対して４０１（ｋ）と呼ばれる年金のシステムは、「確定拠出型」と呼ばれます。何が違うのかというと、「拠出」というのは、いまいくら払うかということです。個人がいくら払い、それと同額を企業が払い、両方合わせた金額が払った金額、拠出した金額です。拠出した金額をはっきりさせておこう。そしてそれを元手にして、それを基金にして運用する、こういう考え方です。

したがって、運用の仕方によっては最終的な給付額が変化します。多くなったり少なくなったりします。それは給付額とは言わないだろうと思いますが、要するに受け取り額です。こちらでいえば、給付される分に当たるものが確定してないのです。いままでのは給付額は確定しています。４０１（ｋ）は給付額は不確定、その代わりいくら出したか、という出発点ははっきりさせておきます。それを運用するのです。いくら増えたかということが重要になります。しかもその運用の責任を持つのは個々人です。私なら私が年金掛金を払う。企業は同じだけ負担してくれます。これが私の「基金」。私が運用方法を決めるのです。実際にどういうふうに運用するのか。例えば自分でそのお金で株を買って、売ったり買ったりということもありえるでしょう。しかし一般的には専門の投資会社に任せて、そこに依頼するということが一般的になるだろうと思います。いずれにしても、自分がど

「確定拠出型年金401(k)」は将来の給付額は不確定で保障されていない.「401(k)」は日本人の感覚からすると「年金」とはいえないのではないか.

ういう運用をするかということを選べるのです。そして選んだ結果の責任は全部自分で持つのです。したがって、最悪の場合は積み立てた拠出金がうんと減ってしまうかもしれない。景気が悪くなって運用できなくなってしまう、失敗する、ということもありえます。株が下がったりということがありえますから、高い時に買って全然上がらない、結局損をして売らなければいけなかった、ということが起こりうる世界です。したがって、減ってしまうというリスクを持っています。

「こんなのが年金と言えるだろうか」という受けとめ方も当然でてきます。とくにこれまでの日本の年金の制度というのは、出発点が「恩給」の制度です。お役人が一生懸命勤めて、国家に仕えて、退職して「ご苦労であった。これをおまえにとらす」というのが恩給です。読んで字のごとくです。非常にありがたくちょうだいするというのが出発点で、それがだんだん役人だけではなくて、企業、そして国民全体に福祉の制度として整えられた。これが年金です。したがって、そういう伝統的な日本の年金観からすれば、年金というのは上から下りてくるもの、賜るもの、ということになります。ですから、ありがたくちょうだいする、というような感覚になるでしょう。しかし、この確定拠出型年金４０１（k）というのは全然違います。自分のことは自分でやれ。その代わり、基金を少し手伝って出してやるから、という感じで、非常に突き放した年金の制度になってしまいます。

なぜこれが日本でも一生懸命検討されているかというと、要するに企業がもう年金の責

「日本版401(k)」は本家のアメリカのものとは「似て非なる」ものになる可能性あり.

任を持てないのです。そんなことまで抱えていたら、きびしい競争に耐えられなくなってしまう。そういう切羽詰まった状況が日本の企業におとずれているということです。ですから多少の負担をして、あとはもう会社の責任から切り離してしまおう、あとは知らないよ、ということです。どう使おうとおまえの勝手だと。したがって、これは年金といえないのではないか。少なくとも日本の感覚での年金とはいえないということになるだろうと思います。しかしアメリカではもう十数年、これが制度として定着して、しかもかなり広がっています。そしてそれをサポートする専門のサービス会社もたくさんできているという状況です。

日本でも何かの形で定着することになるだろうと思います。ただ、具体的にどういう形で日本版４０１（ｋ）が船出をするのかというのは、まだまだはっきりしないと思います。もしかすると、日本のいろいろな制度と同じように、形は似てるけれども中身が全然違う、というようなことになる可能性もあります。例えば、日本の戦後の教育制度というのは、アメリカの教育制度をまねして導入されました。六・三・三制です。「教養教育」を片方でやってということを大学教育の中でも取り入れてきました。ところが実際それをやったら、形は同じだけれども中身が全然違う、ということになってしまいました。日本の制度というのは、だいたいそうなってしまいます。それは仕方がないだろうと思います。日本の体質、風土というのは、もともとかなり違いますから、まったく同じものが日本でうまく活

「ゼロ金利」という異常な状態があらゆる制度をゆがめ
国民の人生設計を狂わせている.
ゼロ金利状態からの脱出が国民的課題.

動するはずがない、動くはずがない、ということです。したがって、401（k）も自己責任という点は変わらない。そのためにこれを導入しようということです。責任を個々の従業員に押しつけようという、それだけ考えれば非常に虫のいい制度だということになってきます。

どんな形になるのかは別として、いずれにしても、企業年金が自己責任型の報酬制度という形をいま取ろうとしている、ということは言えるでしょう。企業ということだけにとどまらないで、だんだん日本の年金制度全体に広がっていく、という可能性がなきにしもあらずです。そうすると、あらゆる年金制度が全部自己責任ということになるかもしれません。そうなった時の「年金」というのは従来の、生活を保障してくれる、支えてくれる、という意味合いをほとんど失ってしまう、ということだろうと思います。そうしますと、将来の生活を支え、保障する手だてをまた別に探さなければいけないことになります。それが民間で営まれている「個人年金」、民間の年金ということになります。しかし、これも一体どれだけ保障になるのかどうか、ということは不安です。だいたい生命保険会社がつぶれたりするということがありえますから。つぶれないまでも、最近の生命保険の問題点は、保険の受け取り金額が加入の時に約束したよりも減っていく、知らない間に減っていたというのが、あっちでもこっちでも問題になっています。じつは気がつかないのです。簡単にめんどうくさい書類が来たとしても、本当の意味をどれだけの人が読んでいるか。

崩壊のなかから姿を現す新しい保障制度は
「自己責任」に彩られたものになるだろう.

読んで捨ててしまうということが多いようですから、本当は皆さんの入っている生命保険も、皆さんが思っているよりは保障が少なくなっているかもしれません。これはちゃんと確かめた方がいいですね。なぜかというと、その必然性というのが非常に強いのです。保険料を決めた時の「期待利回り」というのは、かなり高いのです。「数パーセントの利回りで運用できるだろう、だからこれだけの金額を保障しても、これだけの料金をもらえば大丈夫だ」、こういう計算を保険会社はやっています。ところがその前提がまったく狂っていまして、利回りがものすごく低くなってしまう。したがって、保険料を上げるか、あるいは保障の金額を切り下げるか、このどちらかしかないのです。両方とも、約束をそのまま守ろうとすると保険会社が赤字で倒産してしまう、ということになりますから、保険会社としても背に腹は換えられないということで、保障金額を減らしはじめている、ということになります。

さて、そういうふうに考えてみますと、われわれの将来の生活は、一体どういうふうに守ればいいのだろうか、となってしまいます。決定的な、安心した守り方というのはないように思われてきます。どの制度をとっても、これで安全だというものが、いまなくなりつつあります。たぶんそういう現象というのは一つの体制が崩れていく、崩れつつあるという変革の時代の共通の特徴なのでしょう。旧制度の崩壊のなかから、新制度が芽生え、育ってくる。その段階では、一つの安定した保障制度というものが築かれていくはずです。

日本のようにちゃんとした高い経済力を持った国が、国民の将来を確実に守れない、保障できないということは、理屈としてありえません。ただ、いまぐらついているのは、前提条件が非常に大きく変わったので、前と同じシステムではさまざまな不都合がでてきてしまうということであるので、必ずまたいい体制がでてくるだろう。しかしいずれにしても、新しい保障制度というのは、これまでのように恩給的、あるいは丸抱え的なものにはならないだろう。あくまでも自己責任というものが前面にでてきたものにならざるをえないでしょう。日本の報酬制度全体がそういう性格をもったものになるだろうと思います。

われわれは儲ける経済・資本主義経済の
暴走にブレーキをかけなければならない。

第10章　日本経済が目指すべきもの

以上で、これからどんな方向に日本の経済が動いていくのだろうか、という話をざっとみてきました。それでいままでの話というのは、意識的に非常にクールに突き放した形でみてきました。しかし突き放した形で、こういう方向に行くのではないか、という見方だけでは無責任だろうと思います。われわれはその変化のまっただ中にいるのです。まったく傍観者ではありえない、あるいは傍観者であってはいけないのです。したがって、何かわれわれは積極的にその方向に関わることができるし、関わるべきではなかろうか、そういう観点がでてきます。

私が最後に話のまとめとしてお話ししたいのは、こういう方向に行くべきであろう、行くようにわれわれが努力すべきではないか、そういう観点からの話をしたいと思います。

世界を覆う「資本主義」のシステム．資本主義は人間の「性悪」の産物，資本主義は「性悪の原理」．

一つは、これまでの世界全体の動きというのを眺めてきますと、「資本主義」の原理というものがどんどん広がっている、ということが言えるだろうと思います。その資本主義の原理というのは、人間のどういう側面を反映したものであろうか、と考えてみますと、資本主義の原理がでてくる原点というのは、「人間の悪い性質」ではないか、と私は考えてきました。人間というものをどうとらえるのか、という中国の考え方があります。二つの考えがずっと対立しています。「性善説」と「性悪説」と呼ばれるものです。人間というのは、本来、善良な性質を持っているのか、あるいは反対に人間というのはもともと悪い性質を持っているので、その悪い性質をできるだけ抑えるようにしていかないとうまく世の中が治まらないのか、この二つの考え方が対立しています。私はどちらかというとらえ方はまちがいだろうと思います。人間というのは、必ずこの二つの面を備えていると考えるべきだろう。人間の本来の性質は善であるし悪である。この両面を必ず持っています。そして資本主義というのは、この悪の性質、「性悪の原理」が現れたものだろうと考えられます。

私は、「なぜ資本主義が制度として登場してくるのか」ということを、「人間は生きるために労働をする」というところに求めています。人間にとって労働というのは、「できればやりたくないもの」という性質を本来的に持っています。人間がほしいのは食べ物であり、着る物です。それを得るために労働を仕方がないからやる。「できればやりたくない」とい

労働は役に立つことだけれどもできればやりたくないという
「労働の自己矛盾」,
ここに社会システムの総てが由来する.
「労働の自己矛盾」が資本主義を生み出した.

う性質のものです。これを私は「労働の自己矛盾」という言葉で表していて、労働というのは、片方で人間にとって役に立つことだけれども、多面ではとても嫌なことである。矛盾した両面を持っている。そこで、この問題を人間はどうやって解決してきたのか。さまざまな解決の仕方がありうるのですけれども、結局その一つが資本主義という制度を生み出すことになった。「労働の自己矛盾」の一つの働きとして、生産力を高めようということができたり、あるいは自分で労働をしないで、ひとに労働をさせてしまおう、という「奴隷制度」が芽生えてきたり、ひとが生産したものを盗ってしまおうという泥棒や強盗のような行為が登場してきました。さまざまな反応がこの労働という行為からでてきます。

そして資本主義というのは、結局、自分の労働をできるだけ少なくして、それと引き換えに相手からより多くの労働をせしめよう、その差をできるだけ多くするとうれしい、そういう制度です。自分の労働、自分の生産物は相手にできるだけ少ししか渡さないで、引き換えに相手の労働、相手の作った生産物はできるだけ手に入れたい。その差を「儲け」といってきました。あるいは「利潤」、「利益」です。資本主義のシステムというのは、最大の特徴が儲けを狙うということです。「利潤の追求、営利の追求、営利原則」という言葉で表されるシステムです。なぜこんなシステムがこの世に登場したのか、しかもどんどんこれがはびこってきたのだろうか。「自分で楽をするために、自分で得をするために、ひとを犠牲にしよう、ひとの犠牲で自分が得をしよう」というシステムに他ならないのです。

資本主義の原理は「他人同士の原理」.
それは限りなく掠奪に近い.
「資本主義の原理」に対抗できるのは「家族の原理」,
それは言葉の真の意味の「共産主義」.

それはけっして慈善制度ではありません。相手によりたくさん自分のものを与えようというのが慈善の心です。ちょうどそれと正反対です。相手からできるだけたくさん受け取ろう、その代わり、相手にはちょっとしか与えないですませたい。その差が大きくなればなるほど望ましい、大成功だ。だから儲かれば儲かるほどいい、という企業の行動原理が登場してきます。相手を利用して得をしようというのは、人間関係のなかで「他人と他人の間」にだけ働きます。資本主義の原理というのは、「他人同士の原理」です。他人同士を律する原理です。

では、「他人」ではない人間関係、つまり「家族」の間はどうだろうか。資本主義の原理は働きません。逆の原理が働きます。家族のために積極的にものを与えよう。自分が得をしようという気持ちはまったくない。とくに親子、夫婦はそうです。それが家族です。したがって、他人同士の間で働く原理・ルールと、家族の間で働く原理・ルールとはちょうど正反対です。私は前にも申し上げたように、「家族の間で働く原理」が、まさに「本当の共産主義」だといっているのです。ですから実際に共産主義の国というのは、本当の共産主義ではなかったのです。そういう意味で共産主義という言葉を使いますと、資本主義というのは他人同士をつなぐ原理です。共産主義というのは家族をつなぐ原理です。そして、他人同士がお互いに利用しようという、他人同士の思惑を中心に動いていく資本主義の体制というのは、どんどんふくれていきます。「利潤の追求」というのは限度がありません。

資本主義が暴走しはじめている.
資本主義が家族の基盤を掘り崩している.

資本主義の経済というのは、これで十分だという限度を持ちません。しばしばたとえられるように、資本主義のシステムというのは、一種の癌細胞のようではないか。癌細胞というのは人間の体の生きた一部であるけれども、どこまでも増殖をしていきます。結局、あまりにも増殖して、もともとあった人間の器官をだめにしてしまいます。資本主義というのもそういう自己増殖の性質を非常に強く持っていて、世界中に広まってきました。数千年かけて一向に衰えないで広まってきました。いま世界を一つに覆うという状況になっています。癌のように増殖しすぎて、人類を滅ぼしてしまうでしょう。

　前にも申し上げたように、日本の資本主義というのは日本の風土で形成されてきた、日本型の資本主義です。そしてそれは一定の制約を持っていました。しかし、それがだんだん崩れて、いま世界の共通の資本主義というものが形成されようとしています。これはまさに資本主義の特徴を前面に出したものになるでしょう。つまり、儲けをとことんまで追求するという行動様式を最大の尺度にして動いていきます。そうしますと、国境がなくなって、どんどん「一つの資本主義」になり、資本主義は歯止めを失ってしまいます。「暴走する資本主義」という様相がますます強くなる。人間の生活のあらゆる場面に資本主義の原理が染みこみはじめています。あらゆる人間の生活がビジネスの対象になってしまいます。「子供を産んでやるから報酬をもらいます」ということがアメリカではもう事実上のビジネスになっています。日本ではまだ法律で禁止されています。ですから日本の子供のできな

資本主義は「人間が生きる」ことの障害になりつつある.
「生きる」ことは人間の「目的」.「経済」はそのための手段.
資本主義のシステムは
「生きる」ことを「手段」にしてしまった.

い夫婦がたくさんアメリカに出かけて行って、アメリカの人に自分たちの子供を産んでもらう、そして報酬を払う、ということがビジネスになっています。「代理母（surrogate mother）」と呼ばれている出来事です。

本来、「子供を産む」ということはビジネスではありません。経済の活動でもありません。「人間が生きる」というまさにそのことでした。経済活動というのは人間が生きるということの「手段」です。目的と手段をちゃんと区別して考えますと、子供を産むというのは、生きるという、まさにその「目的」の一つでした。ところがそれがビジネスという経済活動になりかかっています。経済活動というのは、生きるための目的ではなくて手段です。そういう変化が起こっています。つまり、家族の本来の営みがだんだんビジネスの世界に引き込まれていく。あるいは金銭関係がそこに浸透しつつあります。その他にも、われわれの家族の生活様式の中にたくさんのビジネスが染みこみはじめています。子供を育てるということも、お金を払ってサービスとしてやってもらう、ということはもうかなり定着しています。結局、家族というものが本来、ちゃんとつながりを持って生活をするためには、家族の原理、「共産主義の原理」で結ばれていなければいけないだろうと思います。ところがその原理がだんだん希薄になって、崩壊しつづけていきます。なぜ崩壊するのかというと、共産主義の原理に代わって資本主義の原理が家族のなかに浸透する。そうすると、本来の家族の状態が保てなくなってしまう、という変化が起こってくるのです。

資本主義の暴走をくいとめるには「労働時間」を短縮して「家族の原理」を働かせること.「家庭内生産」を大切にすること.

そこで将来、日本の経済、あるいは世界全体の経済をどういう方向で維持して、方向づけていかなければいけないのか、ということです。一つは「資本主義の暴走」をできるだけくい止めるという、はっきりしたわれわれの意思、認識というものを持つ必要があるだろうと思います。そのための最大の手段は、共産主義の原理をできるだけ守っていく。つまり、家族というものの存在を本来のものに維持していく、ということになるだろうと思います。いま、だんだん家族の共通の基盤が失われています。ビジネスがどんどん家族のなかに入ってきています。料理も家庭で作らなくなります。買ってきたものをただ食べる、あるいは家庭で食べなくなって、食事はみな外で食べるというようなことが行われています。本来の家族というのは、さまざまな生産活動を家庭のなかでやってきて、それが一つの家族の絆・基盤という意味を持ってきたはずです。「料理を作る」、これは家庭のなかで行われる代表的な「生産」です。「家庭内生産」と私は呼んでいます。ところが、この伝統的な家庭内生産がビジネスによってどんどん崩壊していきます。レストランで食事をすれば、それだけ家庭内生産としての料理が行われない。洗濯もそうです、掃除もそうです。

このままいくと、家族という共同体の基盤、そこで一緒にものを作る、まさに人間の生活の原点、基盤がどんどん崩壊してしまうのではないか、と思います。ですから、できるだけそれを最小限にとどめる。私は、家庭のなかにおける生産、家庭内生産というものをできるだけ復活する、という方向でこれからの社会を方向づけていく、ということが必要

資本主義を制御するもう一つのポイント．環境と資源を経済活動の条件とする．

になるだろうと思います。家庭内生産を復活させるには、じつはいまの状態では非常に無理です。時間がないのです。ですから、そのために重要なことは、家庭で自由になる時間を確実に増やさなければいけないのです。いま一日の労働時間は八時間が標準ですが、もっと短縮できるはずです。なぜ短縮しないのか。なぜ八時間でなければいけないのか、という必然性はどこにもないのです。労働時間を短縮することによって、家庭のなかで家族の絆としてともに生産をする、ということがもっともっと増えてくるはずです。それが将来の方向づけとして重要な意味を持つでしょう。欧米では日本のいまの状態よりはずっと家庭内生産が残っています。日本が主要国の中で一番早く、確実に家庭内生産を喪失しつつあります。何でもかでもお金を出してすませてしまう、そういう傾向が日本では著しいのです。高度成長のテンポが速かった分、家庭内生産の崩壊のテンポも速まらざるをえなかった。したがって、これからはできるだけもとに戻すという意識的な努力を、われわれとしてはやらなければいけないのではないか、ということが一つの方向です。

資本主義をどういうふうに制御していくのか、もう一つのポイントがあるだろうと思います。それは「環境と資源」という問題です。いままでの資本主義というのは、環境と資源を無視して活動を続けてきました。どんどん活動を増殖させて、その結果としてさまざまな環境と資源を壊してきました。具体的なことはいわなくてもおわかりいただけるかと思います。しかしこれ以上、資本主義の活動が拡大すると、環境と資源そのものがもう人

環境を損なわない経済活動．資源を浪費しない経済活動．
暴走する資本主義は環境と資源を破壊している．
暴走する資本主義にブレーキをかけ
資本主義を上手に制御しよう．

間の存在を許さなくなってしまう、という限度にきつつあると思います。したがって、資本主義の活動をチェックするもう一つの手段が、いま登場しつつあります。それは「環境と資源」を重要な条件として位置づけていくということです。資本主義の活動、経済活動を行ううえで、「環境と資源を壊さない」ということがこれからの重要な指針でなければいけません。われわれがものを作る、水を使う、空気を排出する、それを汚れた状態で絶対に外に出さない、そして資源の浪費をやめリサイクル利用するというルールをいまよりももっともっときびしくする、ということをこれからの方向として守らなければいけないでしょう。そんなふうに、環境と資源というわれわれにとって生きるための最大の要因、これを手段にして、人間の悪い側面からでてきた資本主義という制度をできるだけ制御していく、ということが将来の方向として重要なのではないかと思います。

先にお話しした、これから、客観的に日本の経済がどういう方向に行くだろうか、というその方向性と、いま私が提示した、どうあるべきか、どういう方向を目指すべきか、ということの間には非常に大きなギャップがあると思います。そのギャップは、あるいは埋まらないかもしれない、越えられないかもしれないと思われます。しかしだからといって、それをやらない、そういう努力をしない、ということはいけないだろうと思います。できるだけ、目指すべき方向をこれからの一人一人が自覚して行動することによって、「資本主義を上手に制御する」という社会システムをつくりだすべきだろうと思います。

資本主義を上手に制御するには
われわれが自分自身の生活にブレーキをかけ
制御することが必要.
一人一人の自覚と実行が重要.

そんなことで、最後の方向というのは、あるいは一つの夢物語のような受けとめ方をされるかもわかりませんが、けっしてそれですませてはならない問題だろうと思っております。

あとがき

かつて、朝日新聞論説委員だった笠信太郎は、日本経済の高度成長期を分析して、『〝花見酒〟の経済』（一九六二年）を著した。冷徹な目で日本経済の姿を見つめてきた彼には、当時の高度成長する日本経済が、浮かれすぎの経済と映っていたのである。

今の日本経済のありさまを踏まえて考えてみると、「花見酒の経済」という当時の認識は、相当な「先見の明」である。笠信太郎の認識を、今の日本経済に当てはめるとすれば、今の日本経済は「二日酔いの経済」ということになろうか。「高度成長」やその後のオイルショックを乗り越えて再び「繁栄」を取り戻した自信と、「ジャパン・アズ・ナンバーワン」などという海外の「ごますり」的評価とに酔いしれて、なかなか酔いから覚めることができず、国民も企業も「ガッツ」を失い、慢心し、足腰の鍛錬を怠った日本。「二日酔い」で夢うつつの間に、「国際競争」の舞台から取り残されてしまった日本。これが日本経済の今の姿である。

われわれは早く酔いから覚めなければならない。われわれは今どこにいるのか。われわれはこれから何をすべきなのか。どちらの方向に向かって歩き出すべきなのか。日本国民の一人一人が考えるべき問題でである。

われわれが今、直ちにやらなければならないことは、「われわれは、なぜ、『二日酔い』状態に陥ってしまったのか」ということの分析である。分析のやり方にはいろいろあり得る。J・M・ケインズがおこなったように、「現在」だけを捉えて、分析するやり方もある。そうすると、「今不況なのは、ものが売れないからだ。つまり『有効需要』が不足しているのだ。政府は、公共事業等に、どんどん金を使って、需要を喚起すべきだ」という処方箋が出てくる。これは、今、日本の政府が盛んにやっている政策である。この分析と政策は、「日本経済のあり方・体質は、全く変える必要はない、そのままでよい」という大前提を含んでいる。しかしこの「大前提」そのものが間違っているのである。歴代の政府は、この「事なかれ主義」の間違った政策を繰り返してきたのである。そして、こんなに日本経済が「二日酔い」の状態を続けているのに、政府や官僚達はまだ、自分の間違いに気付いていない。彼らは相変わらず、「手段を選ばず」、景気を回復させようとしている。このような、これまでの体質をそのまま維持しようとする景気回復策は、もう明らかに限界にきているのである。

今、日本政府がやるべきことは、日本経済の「体質改善」を、いかにおこなうのかということである。そのためには、「現在」の分析をやるだけでは駄目で、「過去」の分析が必要不可欠である。つまり、日本経済はどうして現在のような体質を持つようになったのかを解明しなければならないのである。いま、この歴史的な事情によって獲得された体質が限界にきているのであるから、過去の事情を明確に認識して、そこから抜け出す対策・政策を展開する必要があるわけである。我々は、これから進むべき方向を定めるために、「過去」を振り返らねばならない。

それでは、その場合の「我々の過去」とは、何だろうか。それは、一言で言えば、「競争排除社会経済」である。我々日本人は、もう江戸時代から、「競争排除社会」を築きあげてきた。その伝統の中で、明治に始まる「経済の近代化」つまり「工業化」は、厳しい国際競争に対応するための必要から、政府主導による徹底的な「競争排除経済」という体質を持つようになった。他方で、農業の分野では、封建的色彩の強い「小作制度」が形成され、工業の「低賃金」と相俟って、民衆の生活水準を抑えつけ、日本の国内市場を極めて狭いものにしてしまった。急激な工業化と狭い国内市場とは、やがて日本の「海外進出」を促し、国際的軋轢を生じ、戦争に至る。

戦後、一連の「経済民主化」がおこなわれたが、日本経済の、いや、日本社会の「競争排除体質」は「健在」であった。それは、一時は、「奇跡の高度成長」を演出してみせたが、今や、「桎梏」と化した。

これまで突っ走ってきた日本経済は、その結果である「環境問題」等の後始末をしながら進む経済へと、体質を転換しなければならない。そのための合い言葉は「古い規制よ、さようなら。新しい規制よ、こんにちは」である。

私は日頃から、このような問題意識をもって、学生や市民の皆さんに語りかけ、対話し、問題提起をしてきた。本書は、そうしたさまざまな機会におこなった講義・講演をもとにして、まとめられたものである。講義・講演をすることと、それを一書にまとめあげることとのあいだには、天と地ほどのちがいがある。一書にまとめることは、自分を客観化し、自分と対決することである。自分の見方・考え方をひとつ一つ見直し、チェックし、確認してゆくことである。それは、ただ「語る」ことの何倍いや何十倍かの労力を求められる。

そんな「気の重い、七面倒くさい」仕事を、どうにかやりおおせることができたのは、日頃私の周りにいて、いろいろとお付き合いいただいている皆さんのお陰である。学生達と対話していても、大学の同僚達と対話していても、久しぶりに会う友人達と対話していても、教えられ、啓発されることが非常に多い。私の周りのたくさんの人達が、現代の社会経済のあり方に、危惧と疑念を抱いている。なぜこうなってしまったのか、これからどうすべきなのか、皆さんがそれぞれ考え続けている。しかし、皆さんが必ずしも自分の考えを体系的に整理できているわけではない。多くは断片のまま終わっている。私はそのような皆さんと対話する中で、私が皆さんの気持ちや考えを整理しまとめて、代弁する「語り部」の役割を果たすことができるのではないか、むしろ、果たすべきではないかと思うようになった。だから、この本は、決して私一人が書いたものではない。私は、現代の「語り部」として、人々の代弁者として、今という時代の有りようを、日本経済に焦点を当てて描き出そうとしたのである。

私の周りにあって、啓発し続けてくれた皆さんの中で、本書の誕生は、藤原良雄氏の存在に負うところが大きい。藤原良雄氏（藤原書店社長）とは、もう三〇年近くも、現代社会経済について対話し続けてきた。私達は基本的な多くの点で、考えを共有してきた。そして、藤原氏は、私の頭にあるものを、外に向かって、「紡ぎ出す」ように、絶えず、励ましてくれた。藤原氏は私の怠け心を絶えず叩き潰し、問題提起することによって、私を刺激し、「挑発」してくれた。本書の「生みの母」は、もちろん私自身であるが、藤原氏は本書の「生みの父」である。本書は、そういう意味で、私と藤原氏の共同作業の成果であると思っている。

本書の編集作業を直接に担当してくれたのは、藤原書店の清藤洋氏である。清藤氏の緻密な編集作業によって、私の荒っぽい作品が洗練された形をもつことができた。読者諸氏が本書を多少とも「読みやすい」と感じてくれたとすれば、それは清藤氏の力に負うところが大きい。清藤氏は読む人の立場から、私の文章表現をチェックし、本書の形を整えてくれた。深甚の謝意を表したい。

二〇〇〇年二月十六日

阿部照男

図版一覧

図 1　経済成長率（ＧＤＰ） …… 12
図 2　完全失業率と有効求人倍率の推移 …… 15
図 3　日米の失業率の逆転 …… 19
図 4　日米の金利の推移 …… 22
図 5　国家の借金の国際比較（ＧＤＰ比） …… 41
図 6　地方財政の債務残高とＧＤＰ比の推移 …… 46
図 7　日米の労働生産性の推移 …… 87
図 8　日本経済の五公五民体制 …… 95
図 9　近代化の財政的メカニズム …… 108
図 10　戦前の日本経済の矛盾 …… 113
図 11　家計貯蓄率の国際比較 …… 149
図 12　労働分配率の国際比較 …… 153
図 13　経済成長のタイプ …… 159
図 14　地価・物価・賃金の推移 …… 182

の

農地改革…………………… 141, 155, 186
能力給……………………………… 176

は

幕藩体制………………………99, 186, 195
　——の崩壊……………………………26
派遣社員……………………………… 180
バブル
　——経済……………………16-17, 34
　——崩壊……………………………17
反共宣言……………………………… 143
版籍奉還……………………………… 101
パートタイマー……………………… 180

ひ

非関税障壁……………………………75
費用のかかる経済……………………90
　→　高費用経済

ふ

不在地主……………………………… 132
　→　地主
双子の赤字……………………………43
プラザ合意……………………… 15-16
不良債権問題…………………………33

へ

ベンチャー
　——企業…………………………… 213
　——経済…………………………… 163

ほ

貿易
　——政策…………………………… 201
　——摩擦…………………………… 188
　——立国…………………………… 135
崩壊現象…………………………… 26, 58
報酬革命…………………… 208, 210, 217
暴走する資本主義…………………… 237
保護主義……………………………… 171

ま

待ちの姿勢…………………………… 216
マレーシア……………………………39
満州国 ……………………………… 116

み

見えない障壁 …………………………75
右肩上がりの経済 ………… 31, 91, 217

む

無競争・相互扶助社会 …………… 200

め

明治
　——維新　26, 56, 58, 99-100, 184, 200
　——体制　26, 66, 75, 99, 127, 185, 195
　——リストレーション ………… 100
名目成長率 ……………………………12
目に見えない鎖国 ……………………65
　→　鎖国

も

もはや戦後ではない ……………… 156

ゆ

有効求人倍率 …………………………14
優等生の経済 …………………… 18, 93

よ

401(k)年金 ………………………… 221

り

利益 ………………………………… 231
利潤 ……………………… 95, 152, 231
リストラクチャリング …………… 206

れ

レイ・オフ …………………………89
冷戦体制 …………………………… 142
レーガン大統領 ………………………88

ろ

労働
　——者天国 ……………………… 181
　——生産性 …………………………86
　——の自己矛盾 ………………… 231
　——（の）民主化 …… 134, 141, 155
　——分配率 …………………… 95, 151

制度疲労…………………… 27, 31, 33, 58
世界
——銀行……………………………38
——の標準…………………………64
——のルール………………………69
ゼロ金利……………………………22
——状態………………………… 226
——時代……………………………20
戦後 → もはや——ではない
——新体制…………………………28
——の改革……………………… 195

そ

壮大なむだ…………………………31

た

タイ…………………………………38
第一次世界大戦………………… 124
第一次農地改革………………… 130
大競争時代……………… 199, 205, 207
第三の
——改革……………………………56
——崩壊……………………… 55, 57
大商人…………………… 117-118
退職金…………………………… 209
大政奉還………………………… 100
第二次世界大戦……………… 124, 127
第二次農地改革………………… 133
第二の
——改革………………………… 196
——崩壊………………………… 127
——リシャッフル…………………67
大平等時代……………………… 199
代理母…………………………… 234
他人（同士）の原理……………60, 232
他力本願型経済成長…………… 151
談合…………………………… 64, 66

ち

地券……………………………… 103
地租……………………………… 108
——改正…………………… 102, 184
秩禄制度………………………… 176
地方
——債………………………………40
——財政……………………………45
超低金利時代 ………………………20
貯蓄 …………………………………95
——率 …………………… 148, 163
賃金 …………………………… 95, 152
——労働者 ……………………… 118

つ

強いアメリカ ………………………89

て

低成長 ………………………………11
——期 ………………………………13
——経済 ………………………… 173
——体質 ………………………… 153
低賃金 …………………………… 119
——・小作制度 ………………… 113
低費用経済 ……………………… 174
→ 高費用経済
低労働分配率 …………………… 155

と

投資 ………………………… 95, 108
土地
——所有制度 …………………… 102
——神話 ………………………… 184
トルーマン・ドクトリン ……… 143
奴隷制度 ………………………… 231
泥棒 ……………………………… 231

に

二重価格 ………………………… 138
二重の所有権 …………………… 104
日米貿易摩擦 …………………… 170
日本経済
——の奇蹟 …………………………11
——の崩壊 …………………… 7, 8-9
日本人の平等観 ……………………75
日本の民主化 …………………… 129
日本のルール ………………………69

ね

年金制度 …………………… 22, 217
年貢米 ………………………………95
年功序列 ………………………… 205
——型賃金 ……………………… 209

厚生年金……23
高地価……175, 181
高貯蓄……155
公定歩合……20-21
強盗……231
高度成長……11, 148, 165, 182, 184
——期……13-14, 83
——経済……173
後発資本主義……112
高費用経済……80, 174, 187, 189
→低費用経済
高齢者……22
国債……40
国際
——競争力…15, 82, 157, 165, 182, 189
——収支の赤字……137
国内
——市場……110, 113, 119, 134
——総生産……12
国民所得……152
国連……69
五公五民……154
——体制……94
——経済……93
小作
——人……95, 108
——料……108
小作制度……28, 94, 99, 119
——の解体……129
コストのかかる経済……85
→　高費用経済
護送船団方式……32
国家財政……45

さ

サービス
——経済化……191
——部門……190
財政崩壊……34, 85
財閥の解体……142
鎖国……65
→　目に見えない——
サラ金地獄……34
産業空洞化……189

し

自給自足……110
自己完結型の経済発展……150
自己責任……207
自主規制……169
失業率……17, 90
実質成長率……12
地主……95, 108
→　不在地主
資本
——形成……95
資本主義……230
→　暴走する——
——の原理……232
——の論理……124
借金時計……48
終身雇用……205, 209
集中豪雨的輸出……166, 168, 174, 188
春闘……83
消費税……17
情報産業……163
殖産興業……58
植民地……124, 150
——獲得……113
食糧自給率……192
新技術導入……156
人件費……86
→　高人件費
侵略戦争……113
ＧＨＱ……130
ＧＤＰ……12, 46

す

ストック・オプション……210
ストップ・アンド・ゴー……137, 166

せ

性悪
——説……230
→　性善説
——の原理……230
生活賃金……176
性善説……230
生存競争の原理……70
成長率　→　実質——，名目——

索　引

あ

ＩＭＦ……38
——管理……37
アジア
——型資本主義……63
——通貨危機……160
アメリカ　→　強い——
——の経済……25
——の失業率……18

い

医療
——制度……29
——保険制度……30
インドネシア……39

え

営利原則……231
エコノミック・アニマル……173
円高ドル安……15

お

オイルショック……13, 83, 173
王政復古……100
お雇い外国人……117-118

か

外国市場……113
格付け……49, 204, 208
——会社……50
確定給付型年金……223
確定拠出型年金……222
家計貯蓄率……149
家族の原理……60, 232
家庭
——教育……79
——内生産……235
株式市場……163
灌漑農業……71
環境と資源……236
韓国
——経済……38
——の通貨危機……36
完全雇用の経済……18
完全失業率……14

き

企業年金……23
技術導入……157
規制緩和……89
義務教育……77
義務の教育……78
→　権利の教育
教育改革……80
共産主義……58, 60, 232
——的資本主義……58, 66
競争
——回避のルール……71
——原理……27
金納……108
金融崩壊……32

く

黒船……117

け

経済崩壊……30
契約社員……180
現物納……108
権利の教育……77
→義務の教育

こ

工業化……118
工場の海外移転……81, 188
工場の地方移転……81
高人件費……175
——経済……80
高成長体質……153

著者紹介

阿部 照男（あべ・てるお）

1938年　栃木県に生まれる
1967年　中央大学大学院商学研究科博士課程満期退学
現　在　東洋大学経済学部教授　経済学博士
専　攻　理論経済学
著　書　『現代日本のインフレーション』（1978年，新評論）『生産的労働と不生産的労働』（1987年，新評論）『経済学道案内〔基礎篇〕』（1994年，藤原書店）
訳　書　W. リース『満足の限界』（1987年，新評論）

日本経済にいま何が起きているのか

2000年3月30日　初版第1刷発行©

著　者　阿　部　照　男
発行者　藤　原　良　雄
発行所　株式会社　藤原書店

〒162-0041　東京都新宿区早稲田鶴巻町523
TEL　03（5272）0301
FAX　03（5272）0450
振替　00160-4-17013

印刷・製本　美研プリンティング

落丁本・乱丁本はお取り替えします
定価はカバーに表示してあります

Printed in Japan
ISBN4-89434-171-9

「環境学」生誕宣言の書

環境学 第三版

〔遺伝子破壊から地球規模の環境破壊まで〕

市川定夫

多岐にわたる環境問題を統一的な視点で把握・体系化する初の試み＝「環境学」生誕宣言の書。一般市民も加害者となる現代の問題の本質を浮彫る。図表・注・索引等、有機的立体構成で「読む事典」の機能も持つ。環境ホルモンなどの最新情報を加えた増補決定版。

Ａ５並製　五二八頁　**四八〇〇円**
（一九九九年四月刊）◇4-89434-130-1

名著『環境学』の入門篇

環境学のすすめ 上・下

〔21世紀を生きぬくために〕

市川定夫

遺伝学の権威が、われわれをとりまく生命環境の総合的把握を通して、快適な生活を追求する現代人（被害者にして加害者）に警鐘を鳴らし、価値転換を迫る座右の書。図版・表・脚注を多数使用し、ビジュアルに構成。

Ａ５並製　各二〇〇頁平均　**各一八〇〇円**
（一九九四年一二月刊）
上◇4-89434-004-6
下◇4-89434-005-4

最新データに基づく実態

地球温暖化とCO_2の恐怖

さがら邦夫

地球温暖化は本当に防げるのか。温室効果と同時にそれ自体が殺傷力をもつCO_2の急増は「窒息死が先か、熱死が先か」という段階にきている。科学ジャーナリストにして初めて成し得た徹底取材で迫る戦慄の実態。

Ａ５並製　二八八頁　**二八〇〇円**
（一九九七年一一月刊）◇4-89434-084-4

「京都会議」を徹底検証

地球温暖化は阻止できるか

〔京都会議検証〕

さがら邦夫編／序・西澤潤一

世界的科学者集団ＩＰＣＣから「地球温暖化は阻止できない」との予測が示される中、我々にできることは何か？官界、学界そして市民の専門家・実践家が、最新の情報を駆使して地球温暖化問題の実態に迫る。

Ａ５並製　二六四頁　**二八〇〇円**
（一九九八年一二月刊）◇4-89434-113-1

日本版『奪われし未来』

環境ホルモンとは何かⅠ

〔リプロダクティブ・ヘルスの視点から〕

綿貫礼子＋武田玲子＋松崎早苗

日本の環境学、医学、化学者が、人類の未来を奪う化学物質＝環境ホルモンの全貌に迫る。世界を震撼させた、『奪われし未来』をうけての、日本人による初成果。**推薦・野村大成博士**（遺伝学）**黒田洋一郎博士**（脳神経科学）

Ａ５並製　一六〇頁　**一五〇〇円**
（一九九八年四月刊）
◇4-89434-099-2

いま、日本で何が起きているか？

環境ホルモンとは何かⅡ

〔日本列島の汚染をつかむ〕

綿貫礼子編　松崎早苗　武田玲子
河村宏　棚橋道郎　中村勢津子

所沢、龍ヶ崎、能勢をはじめ日本列島が曝されている恐るべき高濃度のダイオキシン汚染、母乳汚染の歴史と現状、ピルが持つ医薬品としての化学物質という側面、化学物質の安全管理問題などに最新データから迫る。

Ａ５並製　二九六頁　**一九〇〇円**
（一九九八年九月刊）
◇4-89434-108-5

水再生の道を具体的に呈示

改訂二版
下水道革命

〔河川荒廃からの脱出〕

石井勲・山田國廣

家庭排水が飲める程に浄化される画期的な合併浄化槽「石井式水循環システム」の仕組みと、その背景にある「水の思想」を呈示。新聞・雑誌・ＴＶで、〝画期的な書〟と紹介された本書は、今、瀕死の状態にある日本の水環境を救う具体的な指針を提供する。

Ａ５並製　二四〇頁　**二三三〇円**
（一九九五年一一月刊）
◇4-89434-028-3

湖の生理

新版
宍道湖物語

〔水と人とのふれあいの歴史〕

保母武彦監修／川上誠一著

国家による開発プロジェクトを初めて凍結させた「宍道湖問題」の全貌を示し、宍道湖と共に生きる人々の葛藤とジレンマを描く壮大な「水の物語」。「開発か保全か」を考えるうえでの何よりの教科書と評された名著の最新版。

小泉八雲市民文化賞受賞

Ａ５並製　二四八頁　**二八〇〇円**
（一九九七年六月刊）
◇4-89434-072-0

バブルとは何か？

世界恐慌
診断と処方箋
〔グローバリゼーションの神話〕

R・ボワイエ　井上泰夫訳

ヨーロッパを代表するエコノミストである「真のユーロ政策」のリーダーが、世界の主流派エコノミストが共有する誤った仮説を抉り出し、アメリカの繁栄の虚実を暴く。バブル経済の本質に迫り、二一世紀の世界経済を展望。

四六上製　二四〇頁　**二四〇〇円**
（一九九八年一二月刊）
◇4-89434-115-8

現代資本主義の〝解剖学〟

現代「経済学」批判宣言
〔制度と歴史の経済学のために〕

R・ボワイエ　井上泰夫訳

混迷を究める現在の経済・社会・政治状況に対して、新古典派が何ひとつ有効な処方箋を示し得ないのはなぜか。マルクス、ケインズ、ポランニーの系譜を引くボワイエが、現実を解明し、真の経済学の誕生を告げる問題作。

A5変並製　二三二頁　**二四〇〇円**
（一九九六年一一月刊）
◇4-89434-052-6

新しい経済学の決定版

増補新版
レギュラシオン・アプローチ
〔21世紀の経済学〕

山田鋭夫

新しい経済理論として注目を浴びるレギュラシオン理論を日本に初めて紹介した著者が、初学者のために「レギュラシオン理論への誘い」を増補し、総合的かつ平易に説く決定版。附・最新「レギュラシオン理論文献」（60頁）

四六上製　三〇四頁　**二七一八円**
（一九九四年一二月刊）
◇4-89434-002-X

新たな成長の展望

日本的制度と経済成長

平野泰朗

進む高齢化、サービス経済化、国際化を視野に収め、新たな経済成長を展望する。マルクス経済学、近代経済学の先をゆく第三の経済学レギュラシオン・アプローチを援用した、日本人による初の本格的な日本経済分析。

A5上製函入　二四〇頁　**四四〇〇円**
（一九九六年一〇月刊）
◇4-89434-050-X

国際経済学の核心

国際資本移動の政治経済学

佐々木隆生

資本の国際移動が現代世界経済に甚大な影響を及ぼすいま、国際経済学の「空白」である「国際資本移動研究」を、学説（スミス、リカードゥ、ミル、マルクス）、歴史、理論の三本立てで初めて埋めた野心的な労作。

Ａ５上製　二八〇頁　**四六六〇円**
（一九九四年一二月刊）
◇4-89434-006-2

ラテンアメリカ経済史

周辺資本主義論序説

〈ラテンアメリカにおける資本主義の形成と発展〉

原田金一郎

世界資本主義システムを周辺からみる歴史＝構造的アプローチで、ラテンアメリカ経済史を総体として浮き彫りにし、従来の一国史的分析をのりこえた初の成果。

Ａ５上製　二五六頁　**五〇〇〇円**
（一九九七年一一月刊）
◇4-89434-086-0

わが国最高水準の積年の労作

世界金融史研究

入江節次郎

四半世紀を費やした、記念碑的パイオニアワーク。一八三〇年代においてイギリスからの資本輸出の中心となった第二合州国銀行と合州国銀行の国際金融活動を分析の中心に据え、現代世界経済の根本的な構造的問題の歴史的形成過程を活写し、未来を展望。

Ａ５上製函入　七二四頁　**一九四一七円**
（一九九一年二月刊）
◇4-938661-19-5

渾身の書下し、新経済学入門

経済学道案内〈基礎篇〉

阿部照男

マルクス経済学や近代経済学にも精通した著者が、人類学、社会学などの最新成果を取り込み、科学としての柔軟性と全体性を取り戻す新しい〈人間の学〉としての経済学を提唱。初学者に向けて、その原点と初心を示し、経済のしくみ、価値体系の謎に迫る。

Ａ５並製　三六六頁　**三二〇〇円**
（一九九四年四月刊）
◇4-938661-92-6